동인랑

여러분의 외국어 학습에는 언제나 《주강의 말》이 성실한 동반자가 되어줄 것입니다.

여행을 떠나기 앞서...

두려워하지 말고 떠나자! 말하자! 즐기자!

큰 맘 먹고 떠나는 중국여행! 낯선 나라에 대한 호기심과 즐거움 보다는 덜컥 겁부터 먼저 나지는 않나요?
'얼마예요?', '이건 뭐예요?', '더 주세요' 와 같은 간단한 말을 못해 소중한 나의 첫 중국여행이 엉망이 되지는 않을지 걱정되지는 않나요? 덜컥 아프기라도 한다면...

이렇게 많은 걱정거리를 없앨 수 있는 가장 간단한 방법은 그 나라의 말을 할 수 있으면 됩니다.
하지만 얼마 남지 않은 중국여행! **아무리 학원을 다니고 번역 어플이 있다해도 한마디 말도 할 수 없는 것이 현실!**

이렇듯 시간은 없어도 보람찬 중국여행을 원하는 여러분을 위해 우리말 발음이 함께 있는 여행회화서를 준비했습니다.

나홀로 배낭여행을 떠나든 여행사의 단체 패키지로 떠나든 **여행의 즐거움을 배로 느낄 수 있는 방법은** 바로 **현지 언어로 현지인과 의사소통을 하는 것** 입니다.

이 책을 보면서 자신 있게 도전해 보세요! 그러면 낯선 곳에 대한 불안감은 사라지고 생각지 않은 즐거움과 기쁨을 두배로 느낄 수 있습니다.

끝으로, 이 책에 사용된 회화문은 원만한 의사소통을 위해 뜻이 통하는 한도내에서 가능한 짧은 문장위주로 실었습니다.

이 책의 특징

1. 처음 중국여행을 떠나는 분들을 위한 왕초짜 여행 중국어
해외여행에 많은 경험과 노하우를 가진 선배여행자들이 왕초짜 여행자들에게 필요한 문장들만 콕콕 찍어 만든 필수 여행 회화서이다. 처음으로 일본여행을 떠나는 분들의 두려움은 반으로 줄고, 즐거움은 두 배가 되도록 알차게 만들었다..

2. 해외여행시 꼭 필요한 문장들만 수록 - **우리말 발음이 있어 편리**
여행에 꼭 필요한 문장들만 콕콕 찍어 수록하였다. 현지인이 알아들을 수 있는 한도내에서 가능한 짧은 문장들로 구성한 문장들이다. 또한 우리말 발음이 함께 적혀있어 자신있게 말할 수 있다.

3. 상황에 따라 쉽게 골라 쓰는 여행 중국어 회화
많은 여행의 경험을 살려 마주칠 수 있는 상황들을 장면별로 나누고, 바로 바로 찾아 쓰기 쉽게 검색기능을 강화하였다.
회화에 자신이 없다면 검색해서 손가락으로 문장을 가리키기만 해도 뜻이 통한다.

4. 도움되는 활용어휘, 한국어-중국어 단어장
상황별로 도움이 되는 단어들을 모아 정리해 놓았으므로, 완전한 문장은 아니더라도 긴급한 상황에 쓰기에 아주 유용하다.
또한, 한국어-일본어 단어장이 가나다순으로 뒷편 부록에 실려 있어, 이 부분만 따로 분리해 휴대하여 가지고 다녀도 안심!

5. 휴대하기 편한 포켓사이즈
여행시에는 작은 물건이라도 짐이 되는 경우가 많다. 이 책은 포켓사이즈라 짐도 되지 않고, 주머니 속에 쏙 들어가 휴대가 편하다.

여행을 떠나기 앞서_ 3
이책의 특징_ 4

여행정보

알아둡시다_ 8 준비물_ 10
중국에대해_ 12 긴급상황_ 15

기본표현

인사_	18	첫만남_	19	대답_	20
감사/사과_	21	감정_	22	허락/금지_	23
축하/기원_	24	질문_	25	가격_	26
숫자_	27	시간_	28	월/일_	29
요일/계절_	30	가족_	31	색깔/방향_	32
인칭대명사_	33				

출국

탑승_ 36   기내서비스_ 40
활용어휘_ 46

입국

입국심사_ 52   수하물_ 58
세관_ 62   환전_ 66
활용어휘_ 70

 교통

길묻기_	80	버스_	84
지하철_	88	택시_	92
자전거_	96	기차_	100
활용어휘_	106		

 숙박

체크인_	114	시설이용_	118
룸서비스_	122	체크아웃_	126
활용어휘_	130		

 식사

·안내/주문_	140	패스트푸드점_	144
계산_	148	활용어휘_	152

 쇼핑

백화점_	158	옷/신발_	162
공예품점_	166	활용어휘_	170

 관광

관광안내_	178	관광지_	184
관광버스_	188	활용어휘_	192

 여흥

공연_	198	스포츠_	202
활용어휘_	206		

| 국제전화_ | 210 | 활용어휘_ | 216 | 전화 |

| 분실/도난_ | 220 | 질병_ | 224 | 긴급 |
| 활용어휘_ | 228 | | | |

| 예약확인_ | 236 | 귀국 |

부록

승차권구입_ 242   분실·도난시_ 243
아플 때_ 245   처방_ 247
도움되는 한·중어휘_ 248

SIGHTSEEING ADVICE
알아둡시다

해외 여행을 가고자 하는 국가에 대한 기초적인 정보를 미리 알고, 여행 목적에 알맞게 준비를 하면 보람있고 여유 있는 여행을 즐길 수 있다. 여행을 떠나기 전 기초적인 준비사항을 알아보자.

여권

해외 여행을 하는 사람을 위해 정부가 발행하는 공식 신분증명서이다. 소지한 사람의 사진과 서명, 이름, 생년월일, 국적 등 신분에 관한 사항을 증명하는 가장 대표적인 여행증명서이다. 여권은 일반 여권(녹색), 거주 여권(녹색), 공무원 등을 위한 관용 여권(황갈색), 외교관을 위한 외교 여권(남색)이 있다. 일반 여권은 단수 여권과 복수 여권으로 나뉜다. 또한 일반 여권은 주민등록지에 상관없이 모든 구청 등에서 신청할 수 있다. 2008년 8월부터는 전자여권을 도입하였다.

비자

중국에서 입국 허가를 공식적인 문서로 허용하는 것으로 중국의 대사관이나 영사관에서 발행해 주는 입국 추천증이다. 그러나 현재 2025년 여행이나 친지 방문 등 일반적인 목적일 경우 최대 30일 이내에 무비자입국이 가능하다. 단, 언제든 변경될 수 있으므로 여행전 미리 확인하도록 하자.

환전

출국하기 전에 미리 은행이나 공항의 환전소에서 중국화폐인 런민삐 인민폐 로 환전한다. 현금은 고액의 지폐보다 소액으로 바꾸는 편이 사용하기 편리하다. 최근에는 여행할 때 환전이나 결제가 편한 앱/전자카드 등을 미리 준비하면 편리하다.

신용카드

국내의 Visa 비자, Master 마스터 등의 국제카드 International 는 중국에서도 사용할 수 있다.
여행기간과 은행 결제일이 겹치는 경우는 미리 사용한 대금을 예금하고 떠나도록 한다.

항공권

여행사에서 단체로 가는 경우에는 문제가 없으나, 개인 출발이라면 출발 전에 반드시 예약을 재확인하도록 한다. 개인 출발 시 항공권의 가격은 회사별로 차이가 많이 난다.

승선표

인천의 국제여객 터미널에서 출발하며 출국장 각 목적지별 카운터에서 여권, 승선권, 터미널 사용료를 지불 후 승선표를 받고 출국심사를 거친다. 출국심사 후 면세점 배 안에도 있음을 이용할 수 있다.

국제운전면허증

중국에서 직접 운전할 기회가 많지는 않지만 특별한 경우가 있다면 경찰서나 운전면허 시험장에 미리 신청하여 구비한다.

해외여행보험

여행자의 필요에 따라 만약의 사태에 대비해서 해외여행 보험에 가입하고 떠나는 것이 좋다.

준비물

아래의 체크 리스트는 해외 여행시 필요한 일반적인 준비물이다. 각자의 상황에 맞게 참고하여 빠진 것 없이 꼼꼼히 준비하도록 하자.

필수품	품 목	Y	N
	·여권	☐	☐
	·현금 현지화폐	☐	☐
	·Vocher 숙박예약증	☐	☐
	·신용카드, 환전앱	☐	☐
	·항공권 전자항공권	☐	☐
	·비상약품	☐	☐
	·시계	☐	☐

※ 위의 서류들은 꼭 별도로 번호와 발행처를 메모하거나 복사해 둔다.
※ 중국에서는 양약에 의한 처방보다는 중의학_한약 에 의한 처방이 주를 이루므로 비상 약품은 꼭 준비해 간다.
※ 에페드린 등 마약류로 전환 가능한 성분이 함유된 감기약은 가급적 반입을 지양하고, 가능하면 영문 또는 중문의 의사처방전을 소지하면 좋다.

선택	품목	Y	N
	· 국제 학생증 유스호스텔 회원증	☐	☐
	· 국제 운전 면허증	☐	☐
	· 증명사진 2매	☐	☐
	· 카메라, 필름, 셀카봉 등	☐	☐
	· 타월, 칫솔, 치약, 빗, 면도기	☐	☐
	· 충전기, 멀티어댑터 콘센트	☐	☐
	· 화장품, 생리용품, 선글라스 등	☐	☐
	· 옷, 신발, 우산, 우비 등	☐	☐
	· USB케이블, 메모리 칩 등	☐	☐
	· 여행안내 책자, 지도	☐	☐
	· 구글 맵(핸드폰에 미리 다운하면 편리)	☐	☐
	· 바느질용품, 계산기	☐	☐
	· 김, 김치, 고추장	☐	☐
	· 필기 도구, 메모지	☐	☐

※ 증명사진은 여권 재발급시 필요하다. 2020년 12월 18일부터 여권 온라인재발급 신청이 가능하다.
※ 2020년 11월부터 '영사콜센터, 영사콜센터 무료전화' 어플을 미리 다운받으면, 위급상황시 인터넷환경에서 무료전화가 가능하다.
※ 1회용품칫솔, 치약, 면도기 등은 제공되지 않는 곳이 대부분이므로 준비해 간다.
※ 장기간 여행객이라면 밑빈칠을 밀봉된 병이나 팩에 넣어서 휴대한다.

중국에 대해

4,000년이라는 웅대한 역사를 지닌 중국! 국토가 넓어서 해 뜨는 시간이 지역에 따라 2시간이나 차이가 난다. 이렇게 땅이 넓은 관계로 열대에서 냉대기후까지 다양한 기후를 가지고 있으며, 관습도 지역에 따라 차이가 많이 난다. 중국은 크게 화북, 화중, 화남, 동북, 서북, 서남 지방으로 나눠진다. 황하강유역과 그 이북을 북부, 양자강유역과 그 이남을 남부로 나눈다.

- **★ 국명_** 中华人民共和国 중화인민공화국
- **★ 수도_** 北京 인구 약 2,000만
- **★ 면적_** 960만㎢ 한반도의 44배
- **★ 인구_** 약 14억 명 94%가 한족
- **★ 언어_** 普通话 베이징 표준어
- **★ 종교_** 무교 일반적으로 도교, 유교, 불교, 이슬람교, 기독교
- **★ 나라형태_** 공화국
- **★ 시차_** 한국시간 -1시간 베이징 표준시를 쓰며 우리나라가 정오(12시)면 중국은 오전 11시이다

🐼 기후와 계절

광대한 국토를 가진 중국에서는 지역에 따라 기후도 여러 가지이다. 남방의 海南岛하이난따오는 12월에도 수영을 할 수 있는 온대 사바나 기후이며 동북의 哈尔滨하얼빈 은 1월 평균 기온이 영하 20℃나 된다. 따라서 중국 각지를 여행하는 사람은 방문지의 기후에 맞춰 복장을 준비하는 것이 좋다. 또 각 지방 모두 한국과 비교했을 때 밤낮의 기온 차가 꽤 되므로 입고 벗기 쉬운 복장을 준비하도록 한다.

🐼 언어

공용어는 중국어이다. 베이징에서는 普通话푸통화라고 부르는 표준어를 사용하고 있으며 샹하이에서는 상해어, 광동 지역에서는 광동어가 사용되고 있다. 그러나 젊은 연령층에게는 상세한 부분을 빼고는 표준어인 普通话가 통한다. 중국 본토에서는 간단한 글자라는 의미의 한자인 간체자를 쓰며 타이완에서는 우리가 쓰는 한자인 번체자를 사용하고 있다.

🐼 매너와 관습

중국인의 성격하면 떠오르는 것이 慢慢地만만디라는 말이다. 즉, 느긋하고 느리다라는 뜻의 말인데 중국인들은 급할수록 더욱 느긋하다고 한다. 또한 체면面子미앤즈을 매우 중시하기 때문에 중국인과의 관계에서 그들의 자존심을 상하게 하거나 약점을 들추지 않는 것이 좋다.

🐼 팁

중국에서 팁 제도는 원칙적으로 도입되어 있지 않다. 하지만 근래에 들어 외국과의 합병호텔이나 대형음식점 등에서 팁제도를 도입하고 있는 곳이 있다.

🐼 전화

국제로밍 나의 핸드폰을 그대로 사용 을 사용하면 간단하지만, 요금이 비싼편이다. 관광객이 사용하기에는 현지의 공항이나 도심 통신사 매장에서 SIM(심)을 구매하거나, e-SIM(이심)/u-SIM(유심)등을 출국 전 이용할 수 있도록 미리 준비해 둔다.

쇼핑이나 전화, 교통 이용시 핸드폰을 이용한 앱 결제(알리페이, 위챗페이 등)를 대부분 이용해야 하므로 사전에 준비해서 가는 편이 시간도 절약하고 당황하지 않는다.

🐼 전압주파수

220V, 주파수는 50Hz. 콘센트 모양이 여러 가지가 있다.

🐼 중요한 경축일

* 원단 元旦   1월 1일
* 춘절 春节   음력 1월 1일 우리의 설날
* 부녀절 妇女节   3월 8일 우리의 여성의 날
* 노동절 劳动节   5월 1일
* 청년절 青年节   5월 4일
* 아동절 儿童节   6월 1일 우리의 어린이날
* 건군절 建军节   8월 1일 우리의 국군의 날
* 중추절 仲秋节   음력 8월 15일 우리의 추석
* 국경절 国庆节   10월 1일

▷ 기타 소수민족 축제가 있어서 별도로 행해지고 있다.

긴급상황

🦝 여권분실

중국 체류 중 여권을 분실한 경우, 아래 절차에 따라 신고하여 처리한다. 재발급 절차가 복잡하고 시간적, 경제적 손실 및 불이익을 받을 수 있으므로 여권 관리에 각별하게 주의해야 한다.

1. 분실지역 관할 파출소 신고
   - 투숙호텔 또는 거주지 관할파출소에서 a.**임시주숙등기표** 발급
   - 분실지역 관할파출소에서 b.**분실신고증명서** 발급
2. 영사관 ☎86-10 8532-0404 신고
   - 영사관에 상기 a,b,서류와 여권용 사진 1매, 신분증 지참, 여권분실 신고
   - c.**여권말소증명** 발급
3. 관할 공안국 출입경관리처 신고
   - 상기 a,b,c,서류를 지참, 관할 공안국 출입경관리처에 분실 신고
   - d.**여권분실증명** 발급
4. 영사관에서 여권재발급 신청
   - d.여권분실증명과 여권용 사진 2장, 수수료 지참
5. 공안국 출입경관리처에서 비자 신청
   - 영사관에서 새로 발급받은 여권과 d.여권분실증명 지참

🦝 신용카드분실

한국의 해당 카드회사에 직접 분실신고를 하는 것이 가장 안전하다.

분실신고 연락처_서울

비씨카드 82-2-330-5701	삼성카드 82-2-2000-8100
신한카드 82-1544-7000	씨티카드 82-2-2004-1004
우리카드 82-2-2169-5001	하나카드 82-2-3489-1000
현대카드 82-2-3015-9000	국민카드 82-2-6300-7300
농협카드 82-2-6942-6478	롯데카드 82-2-2280-2400

현금분실

분실한 현금이 되돌아올 가능성은 없지만 액수가 크면 일단은 경찰에 신고하여 소정의 절차를 밟아 두고 한국에 송금을 요청하거나 신용카드로 현금을 대출받아 사용하는 것도 방법이다.
또한, 국내의 가족이나 친구가 외교부계좌로 돈을 입금하면 해당 재외공관에서 현지화로 받아볼 수 있는 신속해외송금지원제도를 영사콜센터 ☎82-2 3210-0404에 문의하여 이용할 수 있다.

항공권분실

먼저 공안국에서 분실증명서를 발급받은 후, 항공사의 현지 사무실에 가서 항공권분실에 대한 신청을 하면 항공사는 본사에 연락하여 발권사실을 확인하고 재발급해 준다.
또한 현지에서 항공권을 새로 구입하는 방법도 있는데, 귀국 후에 분실항공권에 대한 발급확인서와 새로 구입한 항공권, 신분증을 가지고 해당 항공사에 가면 현금으로 환불받을 수 있다.

치안

* 여행하는 동안은 분실할 경우 곤란한 여권·현금·항공권 등은 항상 몸에 지니거나 안전한 호텔 보관함에 맡긴다.
* 관광명소나 시내버스 안, 쇼핑가 등의 복잡한 곳에서는 소매치기와 도둑을 경계해야 한다. 보석이나 유명 브랜드 상품을 착용해 도둑의 표적이 되지 않도록 한다.

해외여행보험

해외여행 도중 불의의 사고로 인한 피해를 미리 대비한 해외 여행보험에는 상해보험과 질병보험, 항공기 납치, 도난보상보험 등이 있다. 보험 가입은 개인의 경우 여행 전에 가입하면 되고, 여행사에서 취급하는 해외여행 상품을 이용할 경우는 보험료가 포함되어 있는 경우가 있으므로 확인 후 가입여부를 결정한다.

기본 표현

'你好!'는 처음 만나는 사람, 또는 서로 알고 지내는 사람에게 할 수 있는 가장 널리 쓰이는 인사말로 대답 또한 '你好!'이다. 이에 반해 '你好吗?'는 서로 잘 알고 지내는 사이에 '잘 지내십니까?'라고 물어보는 말로 대답은 '我很好。잘 지냅니다.' 라고 말한다.

안녕하세요!	니 하오 你好!
안녕하십니까?	니 하오 마 你好吗?
오래간만입니다.	하오 지유 부 찌앤 好久不见。
요즘 어떠십니까?	쭈이진 쩐머양 最近怎么样?
여전히 좋습니다.	하이 하오 还好。
그대로입니다.	라오 양즈 老样子。
건강은 어떠십니까?	니 션티 하오 마 你身体好吗?
고맙습니다. 아주 건강합니다.	헌 하오. 시에시에 很好。谢谢。
사업은 잘 되십니까?	꽁쭈어 망 마 工作忙吗?
그럭저럭 지냅니다.	마마 후후 马马虎虎。

처음 만난 사람끼리는 '처음 뵙겠습니다. 만나서 반갑습니다'라고 인사한다. 초면의 중국사람과 악수하면서 자연스럽게 인사를 나눌 수 있도록 기본표현들을 잘 알아두자!

첫만남

처음 뵙겠습니다.	추초 찌앤미앤 初次见面。	
나는 박인랑입니다.	워 찌아오 파오런랑 我叫朴仁郎。	
만나서 반갑습니다.	찌앤 따오 니 헌 까오싱 见到你很高兴。	
말씀 많이 들었습니다.	지유앙 지유앙 久仰久仰。	
잘 부탁드립니다.	칭 뚸어 관자오 请多关照。	
당신은 어느 나라 사람입니까?	니 스 나 구어 런 你是哪国人?	
당신은 중국사람입니까?	니 스 쭝구어런 마 你是中国人吗?	
아닙니다. 저는 중국사람이 아닙니다.	뿌, 워 뿌스 쭝구어런 不,我不是中国人。	
나는 한국인입니다.	워 스 한구어런 我是韩国人。	
댁의 성함이 무엇입니까?	닌 꿰이 싱 您贵姓?	

인사
첫만남
대답
감사 사과
감정
허락 금지
축하 기원
질문
가격
숫자
시간
월/일
요일 계절
가족
색깔 방향
인칭 대명사
기본 표현

대답 [긍정/부정]

질문에 대해 간단히 답할 수 있는 여러 가지 표현들을 알아보자. 이들만으로도 자기 의사를 정확히 표현할 수 있다.

네.	스 是。
아니오.	뿌스 不是。
있습니다.	요우 有。
없습니다.	메이요우 没有。
맞습니다.	뛔이 对。
틀립니다.	부 뛔이 不对。
계십니다	짜이 在。
안 계십니다.	부 짜이 不在。
알겠습니다.	즈따오 러 知道了。
모릅니다.	뿌 쯔따오 不知道。

중국에서는 '감사하다'는 표현을 할 때 불교의 영향으로 합장해서 인사하는 모습을 많이 볼 수 있는데 중국인에게 합장하듯이 고개를 조금 숙이면서 '谢谢'하면 좋은 인상을 남길 것이다.

감사
사과

고맙습니다.	시에시에 谢谢。
정말 감사합니다.	페이창 간시에 니 非常感谢你。
보살펴 주셔서 감사합니다.	시에시에 니 더 짜오꾸 谢谢你的照顾!
어떻게 감사를 드려야 할지 모르겠습니다.	뿌 즈따오 쩌머 간시에 니 차이 하오 不知道怎么感谢你才好。
수고하셨습니다.	신쿠 러 辛苦了。
별 말씀을요./사양하지 마세요.	뿌(용) 시에 / 비에 커치 不(用)谢。 / 别客气。
미안합니다.	뛔이 부 치 对不起!
죄송합니다.	헌 빠오치앤 很抱歉。
용서해 주세요.	칭 위앤량 请原谅。
괜찮습니다. / 별일 아닙니다.	메이 꽌시 / 메이 셜 没关系! / 没事儿!

인사
첫만남
대답
감사
사과
감정
허락
금지
축하
기원
질문
가격
숫자
시간
월/일
요일
계절
가족
색깔
방향
인칭
대명사
기본
표현

감정

'好'는 '좋다, 훌륭하다'라는 뜻으로 동의를 나타내는 대답인 '좋습니다, 좋아요' 또는 '예'에 해당하는 말이다. 감정을 나타내는 말은 다음과 같다.

정말 대단하군요.	쩐 빵 真棒!
무슨 말씀하시는 겁니까?	니 슈어 션머 你说什么!
너무 지나칩니다.	타이 꾸어펀 러 太过份了!
이게 무슨 의미입니까?	니 쩌 스 션머 이쓰 你这是什么意思?
저를 무시하는 겁니까?	니 칸 부 치 워 마 你看不起我吗?
무시하지 마십시오.	비에 시아오 칸 워 别小看我。
마음이 상합니다.	쩐 상신 真伤心。
너무 아쉽습니다.	타이 커시 太可惜。
너무 괴롭다.	신리 헌 난꾸어 心里很难过。
만족합니다.	워 만이 我满意。

상대방의 동의를 구하거나 허가를 얻으려 할 때 쓰는 기본표현은 '可以~吗? ~해도 됩니까?'이다. 금지나 불가를 나타낼 때는 기본형은 '別~。'이다.

허락 금지

물론입니다.	땅란 커이 当然可以。
문제없습니다. 상관없습니다.	메이 원티 / 메이 꽌시 没问题。 / 没关系。
도와주시겠습니까?	커이 빵 워 마 可以帮我吗?
네, 그러겠습니다.	커이 可以。
죄송합니다, 도와드릴 수가 없군요.	뛔이부치, 워 빵부랴오 망 对不起,我帮不了忙。
안심하십시오.	칭 팡신 请放心。
편한 대로 하십시오.	쑤이 니 더 비앤 随你的便。
담배를 피워도 괜찮습니까?	커이 쵸우이앤 마 可以抽烟吗?
안됩니다.	뿌싱 不行。
나중에 다시 얘기합시다.	이호우 짜이 슈어 바 以后再说吧。

인사
첫만남
대답
감사 사과
감정
허락 금지
축하 기원
질문
가격
숫자
시간
월/일
요일 계절
가족
색깔 방향
인칭 대명사
기본 표현

생일이나 기타 경축일 등에 쓰이는 축하 인사말의 서두를 祝로 하고 상황에 어울리는 표현을 적절히 사용해 준다.

축하합니다.	쭈허 니 祝贺你。
생일 축하합니다.	쭈 니 셩르 콰이러 祝你生日快乐。
축하합니다.	꽁시 꽁시 恭喜恭喜。
대학에 합격하신 것을 축하합니다.	쭈 니 카오샹 따쉬에 祝你考上大学。
행복하세요!	쭈 니 싱푸 祝你幸福。
건강하세요!	쭈 니 찌앤캉 祝你健康。
성공하시길 기원합니다!	쭈 니 청꽁 祝你成功。
무사하시길 바랍니다.	이루 핑안 / 이루 슌펑 一路平安。/ 一路顺风。
모든 일이 다 잘 되시길.	완스 루이 万事如意。
즐거운 여행이 되십시오.	쭈 니 뤼투 콰이러 祝你旅途快乐。

모르는 사람에게 질문을 하거나 어떤 알지 못하는 사실에 대해 묻고자 할 때는 '请问 말씀 좀 묻겠습니다.'라는 말을 먼저 하여 예의를 갖추어 말한다.

질문

그는 누구입니까?	타 스 셰이 他是谁?
우리는 어디로 갑니까?	워먼 취 나알 我们去哪儿?
무엇을 드시고 싶습니까?	니 시양 츠 션머 你想吃什么?
몇 시입니까?	시앤짜이 지 디앤 现在几点?
어디에 묵고 계십니까?	니 쭈 짜이 나알 你住在哪儿?
왜요?	웨이 션머 为什么?
올해 몇 살입니까?	진니앤 뚜어따 今年多达?
얼마입니까?	뚜어사오 치앤 多少钱?
어떻게 갑니까?	쩐머 조우 怎么走?
여기는 어디입니까?	쩌 스 션머 띠팡 这是什么地方?

인사
첫만남
대답
감사 사과
감정
허락 금지
축하 기원
질문
가격
숫자
시간
월/일
요일 계절
가족
색깔 방향
인칭 대명사
기본 표현

대부분의 백화점이나 외국인들이 많이 가는 상점에서는 정찰제를 실시하고 있으나 어느 정도의 할인이 가능한 곳도 있다.

얼마입니까?	뚜어샤오 치앤 多少钱?
모두 얼마입니까?	이꽁 뚜어샤오 치앤 一共多少钱?
비쌉니다.	꿰이 贵。
쌉니다.	헌 피앤이 很便宜。
좀 더 싸게 해주십시오.	짜이 피앤이 이디얼 再便宜一点儿。
거스름돈을 주십시오.	자오 워 링치앤 找我零钱。
거스름돈이 틀립니다.	자오추어 치앤 러 找错钱了。
영수증을 주십시오.	게이 워 파후어파오 给我发货票。
서비스료 포함입니까?	지아 쑤안 푸우페이 러 마 加算服务费了吗?
팁이 포함됐습니까?	지아 쑤안 시야오페이 러 마 加算小费了吗?

숫자를 읽을 때는 우리말의 '일, 이, 삼, 사…'와 같다. 3자리 이상의 수에서 가운데 '0'이 있을 경우에는 '0'을 꼭 읽어준다. 백, 천, 만 단위의 숫자가 '1'일 경우, 반드시 숫자 '1'을 읽어준다.

숫자

0, 영	零 (링)	100	一百 (이 바이)
1, 일	一 (이)	1,000	一千 (이 치앤)
2, 이	二 (얼)	10,000	一万 (이 완)
3, 삼	三 (싼)	100,000	十万 (이 스 완)
4, 사	四 (쓰)	1,000,000	一百万 (이 바이 완)
5, 오	五 (우)		
6, 육	六 (리유)	107	一百零七 (이 바이 링 치)
7, 칠	七 (치)	1,250	一千二百五十 (이 치앤 얼 바이 우 스)
8, 팔	八 (빠)	26,145	两万六千一百四十五 (량 완 리유 치앤 이 바이 쓰스우)
9, 구	九 (지유)		
10, 십	十 (스)	한 사람	一个人 (이거런)
11, 십일	十一 (스이)	두 사람	两个人 (량거런)
20, 이십	二十 (얼스)	세 사람	三个人 (싼거런)

인사
첫만남
대답
감사 사과
감정
허락 금지
축하 기원
질문
가격
숫자
시간
월/일
요일 계절
가족
색깔 방향
인칭 대명사
기본 표현

시간

연도를 나타낼 때는 '年', 달을 나타낼 때는 '月', 주를 나타낼 때는 '星期', 날을 나타낼 때는 '天'을 쓴다.

작년	취니앤 去年	지난 달	상 거 위에 上个月
올해	진니앤 今年	이번 달	쩌 거 위에 这个月
내년	밍니앤 明年	다음 달	시아 거 위에 下个月
지난 주	상싱치 上星期	어제	쭈어티앤 昨天
이번 주	쩌싱치 这星期	오늘	진티앤 今天
다음 주	시아싱치 下星期	내일	밍티앤 明天
아침	짜오상 早上	저녁	완상 晚上
낮	바이티앤 白天	밤	이예 夜

연도를 읽을 때는 각각의 숫자를 하나하나 읽어준다. 1월~12월까지는 숫자 뒤에 '月'를 붙이면 된다. 날짜 또한 1~31까지의 숫자 뒤에 'ㅁ', '号'를 붙이는데, 'ㅁ'는 글을 쓸 때, '号'는 회화체에서 쓰인다.

월/일

1월	이위에 一月	하루	이 티앤 一天		인사
2월	얼위에 二月	이틀	량 티앤 兩天		첫만남
3월	싼위에 三月	사흘	싼 티앤 三天		대답
4월	쓰위에 四月	나흘	쓰 티앤 四天		감사 사과
5월	우위엔 五月	닷새	우 티앤 五天		감정
6월	리유위에 六月	엿새	리유 티앤 六天		허락 금지
7월	치위에 七月	이레	치 티앤 七天		축하 기원
8월	빠위에 八月	여드레	빠 티앤 八天		질문
9월	지유위에 九月	아흐레	지유 티앤 九天		가격
10월	스위에 十月	열흘	스티앤 十天		숫자
11월	스이위에 十一月	열하루	스이티앤 十一天		시간
12월	스얼위에 十二月	이십일	얼스티앤 二十天		월/일
2007년 8월 15일		이십사일	얼스쓰티앤 二十四天		요일 계절
얼링링치니앤 빠위에 스우하오(르) 二零零七年 八月 十五号(日)					가족
					색깔 방향
					인칭 대명사
					기본 표현

요일 계절

요일을 나타낼 때는 월요일에서 토요일까지는 '星期' 뒤에 1~6까지의 숫자를 붙이고 일요일은 '星期天' 또는 '星期日'라고 한다.

일요일	씽치르(티앤) / 리빠이티앤 星期日(天) / 礼拜天
월요일	씽치이 / 리빠이이 星期一 / 礼拜一
화요일	씽치얼 / 리빠이얼 星期二 / 礼拜二
수요일	씽치싼 / 리빠이싼 星期三 / 礼拜三
목요일	씽치쓰 / 리빠이쓰 星期四 / 礼拜四
금요일	씽치우 / 리빠이우 星期五 / 礼拜五
토요일	씽치리유 / 리빠이리유 星期六 / 礼拜六
봄	춘 春
여름	시아 夏
가을	치유 秋
겨울	똥 冬

예로부터 전통적인 남성중심의 중국사회가 1가족 1자녀 정책에 따른 '小皇帝 샤오황디'로 인해 가족개념이 크게 변하고 있다. 남녀 구분이 사라지고 점차 핵가족이 급격히 늘어나고 있다.

가족

할아버지	예예 爷爷	큰아버지	보푸 伯父
할머니	나이나이 奶奶	큰어머니	보무 伯母
아버지	빠바 爸爸	삼촌	슈슈 叔叔
어머니	마마 妈妈	숙모	션무 婶母
남편	쨩푸 丈夫	고모	꾸무 姑母
아내	치즈 妻子	고모부	꾸푸 姑父
형/오빠	꺼거 哥哥	이모	이무 姨母
누나/언니	지에제 姐姐	이모부	이푸 姨父
남동생	띠디 弟弟	며느리	시푸 媳妇
여동생	메이메이 妹妹	사위	뉘쉬 女婿
아들	얼즈 儿子	조카	즈즈 侄子
딸	뉘얼 女儿	손자/손녀	쑨즈/쑨뉘 孙子/孙女

- 인사
- 첫만남
- 대답
- 감사 사과
- 감정
- 허락 금지
- 축하 기원
- 질문
- 가격
- 숫자
- 시간
- 월/일
- **요일 계절**
- **가족**
- 색깔 방향
- 인칭 대명사
- **기본 표현**

색깔 방향

사람이나 사물의 방향·위치를 나타내는 말을 방위사라고 한다. 방위사들은 단독으로 쓰이지 않고 뒤에 '~쪽' 등의 뜻을 나타내는 '边, 面'과 함께 쓰인다.

색깔	써 色	동	똥 东
빨간색	훙써 红色	서	시 西
파랑색	란써 蓝色	남	난 南
노랑색	황써 黄色	북	뻬이 北
초록색	뤼써 绿色	위	상비앤 上边
오렌지색	쥐쯔써 桔子色	아래	시아비앤 下边
검정색	헤이써 黑色	왼쪽	쭈어비앤 左边
하얀색	바이써 白色	오른쪽	요우비앤 右边
금색	진써 金色	앞	치앤비앤 前边
은색	인써 银色	뒤	호우비앤 后边
회색	훼이써 灰色	옆	팡비앤 旁边

사람을 대신해서 가리키는 말을 인칭대명사라고 한다. 您은 你의 존칭이고, 们은 복수를 나타내는 어미이다. 咱们은 말하는 사람과 듣는 사람을 모두 포함하여 '우리들'이라고 칭할 때 사용한다.

인칭 대명사

	단수		복수	
제1인칭	나	워 我	우리들	워먼 잔먼 我们, 咱们
제2인칭	너 당신	니 你 닌 您	너희들	니먼 你们
제3인칭	그 그녀 그것	타 他 타 她 타 它	그들 그녀들 그것들	타먼 他们 타먼 她们 타먼 它们

인사
첫만남
대답
감사 사과
감정
허락 금지
축하 기원
질문
가격
숫자
시간
월/일
요일 계절
가족
색깔 방향
인칭 대명사
기본 표현

출국

비행기는 출발시간 2-3시간 전에 공항에 도착하여 수속을 밟아야 한다. 인천국제공항과 김포국제공항 베이징의 경우 김해국제공항 등에서도 중국으로 갈 수 있다.
인천의 국제 여객 터미널에서 배로 가는 경우 출항 2시간 30분전에 시작해서 1시간 전에 마감하므로 늦지 않도록 한다.

🛂 출국순서 공항

탑승수속	여권, 항공권을 가지고 해당 항공사 데스크로 간다. 수하물이 있으면 탁송하고 Claim tag 수하물표와 Boarding pass 탑승권를 받는다.
세관신고	귀중품과 고가품은 반드시 세관에 신고하고 '휴대품 반출 확인서' 를 받아야 귀국시 세금을 면제받는다.
보안검색	수하물과 몸에 X선을 비춰 금속류와 흉기를 검사한다. 필름은 손상되지 않는다.
출국심사	여권과 탑승권을 제시한다. 여권에 출국 확인을 받고 돌려 받은 후 출국 심사대를 통과한다.
탑승대기	Duty free shop 면세점을 이용할 수 있고 출발 30분 전까지 해당 Gate 탑승구 앞으로 가서 기다리면 된다.

- **면세점** Duty free shop

    시중의 면세점에서 구입한 물품을 교부 받거나 필요한 양주나기념품, 선물 등을 면세 가격으로 구입할 수 있다. 여분의 필름을 구입하는 것이 요령이며, 장기간 여행을한다면 김치나 젓갈류, 볶음고추장, 김 등을 구입해도좋다.

기내에서

기내 서비스

국제선 기내에서는 식사, 음료수, 주류 등이 무료로 제공되며 지상과 기압차가 나서 주류는 빨리 취한다. 음악, 신문, 잡지 등을 볼 수 있으며 간단한 구급약품도 준비되어 있다.

- **기내 면세품 판매**

    한중간의 국제선 기내에서는 양주, 화장품, 담배, 시계등의 상품을 면세로 판매한다. 시간 여유가 없어서 면세점에서 구입못했으면 기내를 이용해도 된다.

출국

국내항공사나 중국민항이나 모두 중국인 승무원과 한국인 승무원이 있으므로 언제든지 도움을 청할 수 있으므로 언어상의 어려움은 없다.

 ː 자주 쓰이는 표현 _ 1 ː

- 중국민항입니다.

  스 쫑구어 민항
  是中国民航。

···▶ 항공권을 예약하고 싶습니다.

  워 시양 위띵 지퍄오
  我想预定机票。

바꿔 말하기

- 예약을 취소하다   取消预定   취시야오 위띵
- 예약을 재확인하다   确认预定   취에런 위띵

탑승

현재 한국과 중국 노선은 전 좌석 금연구간이며 北京(베이징)까지는 약 1시간 50분 정도 소요된다.

자주 쓰이는 표현 _ 2

- 제 자리는 어디입니까?

    워 더 쭈어웨이 짜이 나알

    我的座位在那儿?

···▶ 이쪽에 있습니다.

    짜이 쩌얼

    在这儿。

바꿔 말하기

- 뒤쪽　后面　호우미앤
- 앞쪽　前面　치앤미앤
- 창문쪽　靠窗　카오 츄앙
- 복도쪽　靠走廊　카오 조우랑

탑승

기내 서비스

출국

유용한 표현

▶ **탑승권을 보여주십시오.**

칭 칸 이시아 닌 더 덩지파이
请看一下您的登机牌。

▼ **이 좌석번호는 어디입니까?**

쩌거 하오마 더 쭈어웨이 짜이 나알
这个号码的座位在哪儿?

▶ **손님 좌석은 B-25번입니다.**

닌 더 쭈어웨이 스 삐 얼스우
您的座位是B-25。

▶ **비행기가 곧 이륙하겠습니다.**

페이지 마샹 찌우야오 치페이 러
飞机马上就要起飞了。

▶ **안전벨트를 잘 매어주십시오.**

칭 닌 시 하오 안취앤따이
请您系好安全带。

▼ 짐을 어디다 둘까요?

워 씽리 팡짜이 나알 하오
我行李放在哪儿好?

▶ 여기에 두십시오.

팡짜이 쩌얼
放在这儿。

▼ 언제쯤 상하이에 도착합니까?

션머 스호우 따오따 상하이
什么时候到达上海?

▶ 곧 베이징 수도공항에 도착하겠습니다.

이훨 찌우 따오 베이징 쇼우두 지창
一会儿就到北京首都机场。

▼ 지금은 베이징시간으로 몇 시입니까?

시앤짜이 스 베이징 스지앤 지 디앤 쩡
现在是北京时间几点整?

탑승

기내
서비스

출국

출국

기내에서 판매하는 면세품은 한정되어 있으며 입국신고서 (입경신고서), 건강신고서는 영어나 중국어로 기내에서 미리 작성하여 두는 것이 좋다.

자주 쓰이는 표현 _ 1

- 음료수는 무엇으로 하시겠습니까?

  닌 허 션머 인랴오

  您喝什么饮料?

···▶ 물 주십시오.

  칭 게이 워 쉐이

  请给我水。

바꿔 말하기

- 포도주   葡萄酒   푸타오지유
- 커피   咖啡   카페이
- 쥬스   果汁   구어즈
- 콜라   可乐   커러

기내서비스

탑승

기내서비스

출국

 자주 쓰이는 표현 _ 2

- 어디가 아프십니까?

    닌 나알 텅
    您哪儿疼?

···▶ 머리가 아픕니다.

    워 토우텅
    我头疼。

바꿔 말하기

- 배　　肚子　뚜즈
- 이빨　牙齿　야츠
- 허리　腰　　야오
- 눈　　眼睛　이앤징

41
왕초짜여행중국어

유용한 표현

▼ **여보세요.** 젊은 여성, 여기서는 여승무원을 가리킴

샤오지에
小姐。

▼ **물 한 잔 주세요.**

칭 게이 워 이 뻬이 쉐이
请给我一杯水。

▼ **식사로 뭐가 나옵니까?**

요우 션머 차이
有什么菜?

▶ **닭고기, 생선요리, 야채 등입니다.**

지로우, 위, 칭차이 덩
鸡肉, 鱼, 青菜等。

▼ **화장실이 어디입니까?**

시쇼우지앤 짜이 나알
洗手间在哪儿?

▼ 몸이 조금 불편합니다.

워 요우디앤 뿌슈푸
我有点不舒服。

▼ 약 좀 주세요.

칭 게이 워 디얼 야오
请给我点儿药。

▼ 향수 있습니까?

요우 시양쉐이 마
有香水吗?

▼ 달러로 지불해도 될까요?

용 메이위앤 푸치앤 커이 마
用美元付钱可以吗?

▶ 더 필요한 것이 있습니까?

하이 야오 비에더 마
还要别的吗?

탑승

기내
서비스

출국

유용한 표현

▶ **입국 카드를 작성해 주십시오.**

칭 닌 티앤시에 루징 덩지카
请您填写入境登记卡。

▶ **입국 수속을 할 때 제출하십시오.**

빤리 루징 쇼우쉬 더 스호우, 칭 지야오 바
办理入境手续的时候，请交吧。

▼ **의자를 뒤로 젖혀도 됩니까?**

이즈 커이 왕 호우 양 마
椅子可以往后仰吗?

▶ **네, 하십시오.**

커이
可以。

▼ **이 헤드폰은 어떻게 사용합니까?**

쩌 얼지 쩐머 스용
这耳机怎么使用?

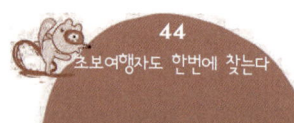

▶ 이쪽으로 당기세요.

왕 쩌얼 라
往这儿拉。

▼ 담배를 펴도 되겠습니까?

쩌얼 넝 시이앤 마
这儿能吸烟吗?

▶ 죄송합니다, 여기선 담배를 필 수가 없습니다.

뛔이부치, 쩌얼 뿌넝
对不起，这儿不能。

▶ 커피 드시겠습니까?

허 카페이 마
喝咖啡吗?

▼ 한국 신문 있습니까?

요우 한구어 더 빠오즈 마
有韩国的报纸吗?

탑승

기내
서비스

출국

도움이 되는 **활용 어휘**

예약	预定	위띵
출발	出发	츄파
도착	到达	따오다
정기편	定期航班	띵치 항반
특별기편	专机	쥬안지
좌석번호	座位号	쭈어웨이 하오
항공권	机票	지피야오
탑승권	登记牌	덩지파이
금연석	禁烟席	진이앤시
흡연석	吸烟席	시이앤시
수하물	随身行李	쑤이션 싱리
수하물표	行李牌	싱리 파이
승무원	乘务员	청우우앤
스튜어디스	航空(空中)小姐	항콩(꽁쫑) 샤오지에
안전벨트	安全带	안취앤따이

탑승

구명조끼	救生衣	찌우셩이
비상구	紧急出口	진지 츄코우
담요	毛毯	마오탄
베개	枕头	쩐토우
헤드폰	耳机	얼지
채널	濒道	핀따오
라디오	收音机	쇼우인지
화장실	卫生间	웨이셩찌앤
비어 있는	没人	메이 런
사용 중	有人	요우 런

도움이 되는 활용 어휘

기내서비스	机内服务	지 네이 푸우
식사	用餐	용 찬
생선	鲜鱼	시앤위
치킨	鸡肉	지로우
배고픈	饿	어
목마른	渴	커
음료수	饮料	인랴오
맥주	啤酒	피지유
콜라	可乐	커러
커피	咖啡	카페이
쥬스	果汁	구어즈
차	茶	차
포도주	葡萄酒	푸타오지유
위스키	威士忌	웨이스지
양주	洋酒	양지유

기내서비스

물	水	쉐이
면세품판매	出售免税品	츄소우 미앤쑤이핀
신문	报纸	빠오즈
잡지	杂志	자즈
담요	毛毯	마오탄
베개	枕头	쩐토우
멀미약	晕车药	윈쳐야오

입국

중국을 비행기로 갈 때는 기내에서 출입국카드 外国人入境卡, 세관신고서, 건강신고서 健康申明卡 를 나누어주는데 해당 사항을 영어나 중국어로 기입한다. 비행기에서 내리면 제일 먼저 검역을 받는데 예방접종은 필요 없고, 이 때 건강신고서를 제출하면 된다.

입국순서

검 역	건강신고서를 제출하면 되고 한국에서 직접 출발하는 경우는 별 문제가 없다.
↓	
입국 심사	입국카드와 여권을 카운터에 제출한다. 비자를 가지고 있으면 별다른 질문을 하지 않고 여권에 입국스탬프를 찍어 준다.
↓	
수하물	자기가 타고 온 비행기 편명이 쓰인 곳에서 자신의 수하물을 찾는다.
↓	
세관 신고	세관 신고 시 신고할 것이 있는지의 유무와 동식물의 유무를 묻는다. 신고할 것이 없으면 녹색선 쪽으로 통과한다.

중국의 면세범위

- **담배**: 400개비
- **술**: 알코올 도수 12도 이상 2병(1.5L 이하)
- **전자제품**: 카메라, 비디오카메라, 카세트, 휴대용 컴퓨터 등
- **면세 한도액**: 인민폐 2천元 위앤

환전

- **화폐** 1元 = 10角 = 100分

  중국의 화폐는 **人民币** 런민삐 로, 통화 단위는 元 위앤 (표시는 ¥)이다. 보조 통화로 角 지아오, 分 펀이 있고, 일상 회화에서 元은 '块 콰이', 角는 '毛 마오'라고 부른다.

- **환전**

  중국에서는 현금 사용이 감소하고 모바일 간편결제로 급속히 넘어가 현재는 현금이나 신용카드보다 중국의 알리페이(支付宝, Zhīfùbǎo)나 위챗페이(Wechat, 微信) 등의 결제가 일반화 되어 있다.

  단, 여행자가 이런 모바일 전자화폐를 이용하려면 통상 3일정도의 등록 절차가 필요하며, 여행 전 미리 신용카드 정보, 여권 정보, 얼굴 사진 등을 이용한 실명 인증절차를 거쳐야 한다.

입국

중국의 입국 절차는 대한민국 여권을 소지하면 그다지 까다롭지 않은 편이다.

자주 쓰이는 표현 _1

- **여권**을 보여 주십시오.

  칭 칸 이시아 니 더 후쟈오
  请看一下你的护照。

···▶ 여기 있습니다.

  하오 더
  好的。

바꿔 말하기

- **탑승권** 登记牌 덩지파이
- **비자** 签证 치앤정
- **항공권** 机票 지피야오
- **건강신고서** 健康申报表 찌앤캉션빠오뱌오

입국심사

일반적으로 검역, 입국심사, 통관을 거쳐 이루어지는데 여권과 비자에 하자가 없는 한 기내에서 나누어 주는 입국 카드와 건강 카드를 작성하여 제출하면 된다.

자주 쓰이는 표현 _ 2

- 입국 목적은 무엇입니까?

  루징 더 무디 스 션머
  入境的目的是什么?

···▶ 관광입니다.

  꽌꽝
  观光。

입국심사

수하물

세관

환전

입국

바꿔 말하기

- **여행**   旅行   뤼싱
- **사업**   工作   꽁쭈어
- **공부**   学习   쉬에시
- **친척방문**   探亲   탄친
- **회의**   开会   카이훼이

입국

 ᐸ 자주 쓰이는 표현 _ 3 ᐳ

- 며칠이나 머물 예정입니까?

  니 다쑤안 쥬 지 티앤

  你打算住几天?

···▶ 약 일주일입니다.

  다까이 이거 싱치

  大概一个星期。

바꿔 말하기

- 3일   只三天 즈 싼 티앤
- 2주일   两个星期 량 거 싱치
- 열흘 정도 十天左右 스 티앤 쭈어요우

입국심사

자주 쓰이는 표현 _ 4

- 어디에 묵습니까?

  쭈 션머 띠팡
  住什么地方?

···▶ 베이징호텔에 묵습니다.

  쭈 베이징 판띠앤
  住北京饭店。

바꿔 말하기

- 친구집　朋友的家　펑요우 더 지아
- 이 주소　这个地方　쩌 거 띠팡
- 대학 기숙사　大学招待所　따쉬에 자오따이쑤어

입국심사

수하물

세관

환전

입국

유용한 표현

▶ 여권을 보여 주십시오.

랑 워 칸칸 니 더 후쟈오
让我看看你的护照。

▼ 여기 있습니다.

게이 니
给你。

▶ 중국에 처음 오십니까?

니 스 띠 이츠 라이 쭝구어 마
你是第一次来中国吗?

▼ 그렇습니다.

스
是。

▶ 어느 나라에서 오셨습니까?

니 총 나알 라이
你从哪儿来?

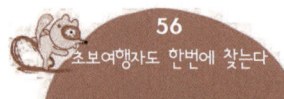

▼ 한국에서 왔습니다.

워 총 한구어 라이
我从韩国来。

▶ 단체입니까, 개인입니까?

투안티 하이스 거런
团体还是个人?

▼ 개인여행입니다.

스 거런 뤼싱
是个人旅行。

▶ 여행 오셨습니까?

라이 뤼싱 마
来旅行吗?

▼ 아닙니다. 출장 왔습니다.

뿌스 워 스 라이 츄차이 더
不是。我是来出差的。

입국
심사

수하물

세관

환전

입국

입국

입국 수속을 마친 후 자신이 타고 온 항공사의 비행기 편명이 적혀 있는 곳에서 자신의 수하물을 찾는다.

 ㆍ 자주 쓰이는 표현 _ 1 ㆍ

- 짐차(카터)가 어디에 있습니까?

    싱리 시야오 투이쳐 짜이 나알

    行李小推车在哪儿?

…▶ 저쪽에 있습니다.

    짜이 나비앤

    在那边。

- 안쪽　里边　리비앤
- 오른쪽　右边　요우비앤
- 바깥쪽　外边　와이비앤
- 왼쪽　左边　쭈어비앤

수하물

수하물이 보이지 않으면 직원에게 수하물표를 보인 후 도움을 청한다.

 ❯ 자주 쓰이는 표현 _ 2 ❮

- 어디에서 짐을 찾습니까?

  짜이 나알 취 싱리
  在哪儿取行李?

···▶ 저쪽에 있습니다.

  짜이 나알
  在那儿。

입국심사
수하물
세관
환전
입국

- 안내소 问讯处 원쉰츄
- 만남의 장소 候机室 호우지스

유용한 표현

▼ **말씀 좀 묻겠습니다. 어디서 짐을 찾습니까?**

칭원, 짜이 나알 취 싱리
请问，在哪儿取行李？

▶ **저쪽입니다.**

짜이 나비얼
在那边儿。

▼ **그런데 제 짐이 없습니다.**

커스 메이요우 워 더 싱리
可是没有我的行李。

▶ **편명을 말씀해 주십시오.**

니 스 나 거 항빤
你是哪个航班？

▼ **KA716편입니다.**

케이에이 치 야오 리유
KA七一六。

▼ 이것이 제 수하물표입니다.

쩌 스 워 더 싱리파이
这是我的行李牌。

▶ 수하물이 어떤 모양입니까?

니 더 싱리 스 션머양 더
你的行李是什么样的?

▼ 비교적 큰 검은색 트렁크입니다.

비지야오 따 더 헤이써 더 잉피시양
比较大的黑色的硬皮箱。

▼ 지금 바로 알아봐 주십시오.

칭 마샹 빵 워 차 이시아
请马上帮我查一下。

▼ 찾으면 바로 호텔로 보내 주십시오.

쟈오 따오 즈호우 칭 마샹 쏭 따오 판띠앤 라이
找到之后请马上送到饭店来。

입국심사

수하물

세관

환전

입국

입국

세관 검사는 그다지 까다롭지 않으며 전염병을 옮길 가능성이 있는 동식물은 반드시 신고하여 검역을 받아야 한다.

자주 쓰이는 표현 _ 1

- 신고할 물건이 있습니까?

    요우 션머 야오 션빠오 더 똥시 마
    有什么要申报的东西吗?

···▶ 없습니다.

    메이요우
    没有。

바꿔 말하기

- **동물**　动物　똥우
- **식물**　植物　즈우

세관

입국심사 / 수하물 / 세관 / 환전 / **입국**

 ≥ 자주 쓰이는 표현 _ 2 ≤

- 이것은 무엇입니까?

  쩌 스 션머
  这是什么?

···▶ 이것은 <u>제 개인용품</u>입니다.

  쩌 스 워 더 쑤이션 용핀
  这是<u>我的随身用品</u>。

- 선물   礼物   리우
- 한국음식   韩国菜   한구어차이
- 약   药   야오
- 화장품   化妆品   화쥬앙핀

유용한 표현

▶ **신고할 물건이 있습니까?**

요우 메이요우 야오 션빠오 더 똥시
有没有要申报的东西?

▼ **없습니다.**

메이요우
没有。

▶ **안에 무엇이 있습니까?**

리비얼 요우 션머
里边儿有什么?

▼ **전부 옷하고 제 개인용품입니다.**

또 스 이푸 허 워 쯔지 용 더 똥시
都是衣服和我自己用的东西。

▶ **이 가방을 열어 보십시오.**

칭 바 쩌거 빠오 다카이 이시아
请把这个包打开一下。

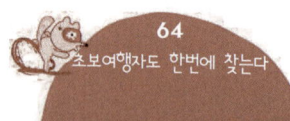

▶ **짐이 더 있습니까?**

하이 요우 치타 싱리 마
还有其他行李吗?

▶ **이 물건은 관세를 물어야 합니다.**

쩌 지앤 똥시 야오 샹슈이
这件东西要上税。

▶ **출국 때까지 잘 보관하십시오.**

칭 빠오춘 따오 츄징 더 스호우
请保存到出境的时候。

▶ **돈은 얼마나 가지고 있습니까?**

니 따이 러 뚜어샤오 치앤
你带了多少钱?

▼ **500달러를 가지고 있습니다.**

우바이 메이진
五百美金。

입국심사

수하물

세관

환전

입국

입국

중국에서 사용되는 돈은 런민삐인민폐이다. 여행자도 중국인들이 사용하는 것과 똑같이 런민삐를 사용하며 한국에서 미리 환전해 가는 것이 좋다.

 ＜ 자주 쓰이는 표현 _ 1 ＞

- 어서 오십시오.

    환잉

    欢迎。

···▶ 달러를 런민삐로 바꾸려고 합니다.

    워 시양 바 메이위앤 환청 런민삐

    我想把美元换成人民币。

- 한화 韩币 한삐
- 엔화 日元 르유앤

환전

자주 쓰이는 표현 _ 2

- 얼마나 바꾸실 겁니까?

  니 다쑤안 환 뚜어샤오
  你打算换多少?

···▶ 오백 달러를 바꾸려고 합니다.

  워 야오 환 우바이 메이위앤
  我要换五百美元。

바꿔 말하기

- **천(1,000)** 一千 이 치앤
- **삼백(300)** 三百 싼 바이

입국심사
수하물
세관
환전
입국

유용한 표현

▼ **어디서 환전을 합니까?**

짜이 나알 환치앤
在哪儿换钱?

▶ **이층에 중국은행이 있습니다.**

짜이 얼로우 요우 쭝구어 인항
在二楼有中国银行。

▼ **환전을 하려고 합니다.**

워 야오 환치앤
我要换钱。

▶ **어떤 외화를 가지고 계십니까?**

니 요우 션머 와이삐
你有什么外币?

▼ **달러입니다.**

메이위앤
美元。

▶ 얼마나 바꾸시겠습니까?

야오 환 뚜어샤오
要换多少?

▼ 백달러입니다.

이 바이 메이위앤
一百美元。

▶ 먼저 환전표를 적어 주십시오.

칭 시앤 티앤 이 쟝 뚜이환딴
请先填一张兑换单。

▼ 오늘은 환율이 어떻게 됩니까?

진티앤 더 뚜이환뤼 스 뚜어샤오
今天的兑换率是多少?

▶ 백 달러에 800위앤입니다.

이바이 메이위앤 스 빠바이 위앤
一百美元是八百元。

입국
심사

수하물

세관

환전

입국

도움이 되는 **활용 어휘**

입국관리	入境管理	루징 꽌리
입국심사	入境审查	루징 션차
검역	卫生检疫	웨이셩 지앤이
여권	护照	후자오
비자	签证	치앤쩡
여행객	旅客	뤼커
외국인	外国人	와이구어런
입국카드	入境登记卡	루징 덩지카
이름	姓名	싱밍
국적	国籍	구어지
생년월일	出生日期	츄성 르치
나이	年龄	니앤링
성별	性别	싱비에
남/여	男/女	난/뉘
직업	职业	즈이예

입국심사

주소	地址	띠즈
본적	原籍	위앤지
기혼	已婚	이훈
미혼	未婚	웨이훈
여권번호	护照号码	후자오 하오마
출발지	出发地点	츄파 띠디앤
여행목적	旅行目的	뤼싱 무띠

도움이 되는 **활용 어휘**

세관	海关	하이꽌
관세	关税	꽌슈이
세관신고서	海关申报单	하이꽌 션빠오딴
외환신고서	外币登记表	와이삐 덩지비아오
현금	现金	시앤진
면세품	免税品	미앤슈이핀
술	酒	지유
담배	烟	이앤
향수	香水	시앙쉐이
선물	礼物	리우
개인용품	随身用品	쑤이션 용핀
한국음식	韩国菜	한구어 차이
동물	动物	똥우
식물	植物	즈우
반입금지품	禁止携带物品	진즈 시에따이 우핀

세관

카메라	照相机	자오샹지
비디오	录像机	루샹지
TV	电视	띠앤스
비디오카메라	摄相机	셔샹지
책	书	슈

도움이 되는 활용 어휘

은행	银行 인항
환전	换钱 / 外币兑换 환치앤/와이삐 뚜이환
외화	外币 와이삐
외환신고서	外汇兑换券 와이훼이 뚜이환취앤
환전소	兑换处 뚜이환츄
환전표	兑换单 뚜이환딴
환율	兑换率 뚜이환뤼
여행자 수표	旅行支票 뤼싱 즈피야오
한화	韩币 한삐
런민삐인민폐	人民币 런민삐
달러	美元 메이위앤
엔화	日元 르위앤
홍콩 달러	港币 깡삐
유로	欧元 오우위앤
파운드	英镑 잉빵

환전

수표	支票	즈피아오
지폐	钞票	차오피아오
동전	硬币	잉뻬
잔돈	零钱	링치앤
1위앤	一元 / 一块	이 위앤/이 콰이
0.1위앤	一角 / 一毛	이 지아오/이 마오
0.01위앤	一分	이 펀

교통

넓고 넓은 중국을 여행하는 데는 도시와 도시를 이동할 때 철도를 가장 많이 이용한다. 철도 대국이라 불릴 만큼 거대한 철도망을 형성하고 있다. 각 도시의 시내 교통은 지하철이 베이징, 상하이, 티앤진, 그리고 광저우 등에서 운행되고 있고 버스와 택시, 그리고 자전거를 많이 이용한다.

비행기 飞机

다양한 항공사가 국제선을 운행하며 각 지방마다 자체적으로 있는 많은 항공사(저가항공사 포함)가 국내선을 운행하고 있다. 가장 빠르고 편하게 장거리를 이동할 수 있다.

주요 중국 항공사

- 중국국제항공공사(Air China : CA)
- 중국동방항공공사(China Eastern Airline : MU)
- 중국북방항공공사(China Northern Airline : CJ)

- 중국남방항공공사(China Southern Airline : CZ)
- 중국서북항공공사(China Northwest Airline : WH)
- 중국서남항공공사(China Southwest Airline : SZ)

기차 火车

도시와 도시를 이동하는 장거리 이동 수단으로 가장 많이 이용된다. 종류로는 최고 속도를 자랑하는 고속철도(알파벳 G, D, C 등으로 표기) 장거리를 운행하는 일반열차(알파벳 Z, T, K) 가장 느린 알파벳이 없이 숫자로만 표시하는 열차 등이 있다.
좌석은 침대인가 의자인가, 그리고 딱딱한지 부드러운지 등에 따라 구분되며 가격 또한 천차만별이다.

열차의 종류

- **까오쑤티에루** 高速铁路 줄여서 **까오티에** 高铁
  고속열차. 최고 속도(300~350km/h)로 베이징-상하이, 베이징-광저우 등 주요 노선을 운행한다.

- **터콰이** 特快
  특급열차. 국제열차와 여행 열차가 해당되며, 대도시간을 주로 운행하는 장거리 열차이다. 대부분 침대칸으로 되어 있다.

- **즈콰이** 直快
  급행열차. 2개 이상의 철도국 사이를 운행하는 장거리 열차로 침대차와 식당차로 구성되어 있다.

- **콰이커** 快客

한 철도국 내에서 운행하는 지역 열차로 낮시간에 짧은 주요 도시 간을 운행하며 주로 좌석이 많다.

- **푸커** 普客

모든 간이역마다 서는 완행열차로 우리나라의 비둘기호에 해당하는 서민용 열차이다.

좌석의 종류

- **얼덩쮜** 二等坐

2등석으로 가장 대중적인 좌석이다. 일등석(一等座 이덩쮜), 비즈니스석(商务座 샹우쮜)도 있으나 매우 비싼 편이다.

- **루완워** 软卧

부드러운 2단 침대로 개인용품이 준비되어 있다.

- **잉워** 硬卧

얇은 매트리스로 된 딱딱한 침대에 얇은 시트가 깔려있다.

- **루안쮜** 软座

중거리 이동열차로 좌석이 비교적 편안하며 깨끗한 편이다. 지정석이며 4개의 좌석이 마주 보게 되어있다.

- **잉쮜** 硬坐

딱딱한 좌석으로 요금이 매우 싼 편이다.

🐼 버스 公车

버스에는 일반버스, 버스 두 대가 연결된 형태의 버스, 일종의 전차인 트롤리버스, 환경을 생각한 전기버스 그리고 대부분 장거리를 운행하는 2층버스, 침대버스 등 다양하다. 버스 앞에 노선을 알리는 번호가 붙어 있는데 이것을 **路**루 로 나타낸다. **알리페이·위챗페이 등의 QR코드 스캔, 교통카드(一卡通)등으로 요금을 지불한다.**

🐼 지하철 地铁

현재 중국내에서는 수십개의 도시에서 지하철·경전철이 운행되고 있으며, 서울을 능가할 정도의 많은 지하철이 운행된다. 알리페이·위챗 QR코드로 바로 탑승이 가능하며, 영어안내가 되고 있다. 노선도도 중국어+영어로 표기되어 있다.

🐼 택시 出租车

택시는 관광객들이 이용하기에 아주 편리한 교통수단이다. 운전석에는 기사의 안전 보호를 위해 안전창이 설치되어 있다. 길에서 잡고 타거나 중국판 우버인 **디디 추싱** 滴滴出行 을 앱을 통해 이용하는 것이 일반적이다. 알리페이, 위챗페이로 결제 가능하다.

교통

중국 여행 중의 가장 기본은 그 지방의 지도를 구하는 것이다. 지도를 미리 준비하거나 구글앱을 미리 다운받아 가도록 한다.

자주 쓰이는 표현 _ 1

- 실례지만, 한국 대사관까지 어떻게 갑니까?

  칭원, 따오 한구어 따스관 쩐머 조우

  请问, 到韩国大使馆怎么走?

⋯▶ 곧장 앞으로 가세요.

  이즈 왕 치앤 조우

  一直往前走。

바꿔 말하기

- 왼쪽(오른쪽)으로 도세요. 往左(右)拐。 왕 주어(요우) 과이
- 건너가세요. 过马路吧。 꾸어 마루 바
- 길 건너편입니다. 马路对面。 마루 뚜이미앤

길묻기

혹시 길을 잃었을 경우 말이 통하지 않더라도 당황하지 말고 한자로 쓰거나 전세계 공통어인 바디랭귀지를 이용하자.

 자주 쓰이는 표현 _ 2

- **중국은행이 멉니까?**

    쫑구어 인항 리 쩌얼 위앤 마
    中国银行离这儿远吗?

···▶ **그다지 멀지 않습니다.**

    뿌 타이 위앤
    不太远。

바꿔 말하기

- **한국대사관**   韩国大使馆   한구어 따스관
- **티앤안먼 천안문**   天安门   티앤안먼

길묻기

버스

지하철

택시

자전거

기차

교통

유용한 표현

▼ **실례지만, 지앤구어먼(건국문)까지 어떻게 갑니까?**

칭원, 따오 지앤구어먼 쩐머 조우
请问,到建国门怎么走?

▶ **사거리를 지나서 앞으로 조금 더 가세요.**

구어 스즈루코우, 하이 왕 치앤 조우
过十字路口,还往前走。

▼ **여기서 먼가요?**

리 쩌얼 위앤 마
离这儿远吗?

▶ **그다지 멀지 않습니다.**

뿌 타이 위앤
不太远。

▼ **걸어갑니까, 아니면 차를 탑니까?**

조우루 하이스 쭈어처
走路还是坐车?

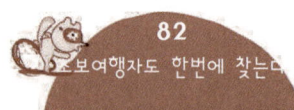

▶ **걸어서 15분이면 됩니다.**

조우루 따까이 스우 펀쫑 찌우따오 러
走路大概十五分钟就到了。

▼ **시장은 어디에 있습니까?**

스창 짜이 나알
市场在哪儿?

▼ **여기는 어디입니까?**

쩌 스 션머 띠팡
这是什么地方?

▼ **길을 잃었습니다.**

워 미루 러
我迷路了。

▶ **저와 함께 가시죠.**

껀 워 라이
跟我来。

길묻기

버스

지하철

택시

자전거

기차

교통

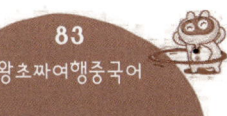

교통

버스에는 일반 시내버스, 환경을 생각하는 전기버스, 버스 두 대가 연결된 형태의 버스, 일종의 전차인 트롤리버스, 미니버스, 대부분 장거리를 운행하는 2층 버스, 침대 버스 등 다양하다.

 자주 쓰이는 표현 _ 1

- 여기 331번 버스가 있습니까?

  쩌얼 요우 싼싼야오 루 꽁공치쳐 마

  这儿有**331路**公共汽车吗?

  ···▶ 있습니다. / 없습니다.

  요우/메이요우

  有。 / 没有。

바꿔 말하기

- 왕푸징 왕부정 에 가는   到王府井的   따오 왕푸징 더
- 소형   小   시야오

버스

요금은 버스의 종류와 구간에 따라 차이가 있다. 알리페이, 위챗페이 QR코드 등으로 지불이 가능하다.

자주 쓰이는 표현 _ 2

- **베이징대학에 가려면 몇 번 버스를 탑니까?**

  따오 베이따 쭈어 지 루 쳐
  到北大坐几路车?

···▶ 332번을 타세요.

  쭈어 싼싼얼 루 바
  坐332路吧。

바꿔 말하기

- **미술관**   美术馆   메이슈관
- **베이하이 공원**북해공원   北海公园   베이하이 꽁위앤
- **이허위앤**이화원   颐和园   이허위앤   • **고궁**   故宫   꾸꽁

길묻기

버스

지하철

택시

자전거

기차

교통

유용한 표현

▼ **버스 정류장이 어디입니까?**

처짠 짜이 나얼
车站在哪儿?

▼ **버스표를 사려고 합니다.**

워 야오 마이 피야오
我要买票。

▼ **티앤안먼에 가려면 어디에서 내려야 합니까?**

따오 티애안먼 짜이 나얼 시아쳐
到天安门在哪儿下车?

▶ **다음 정류장에서 내리세요.**

시아짠 시아쳐 바
下站下车吧。

▼ **비켜주세요.**

랑 이 랑
让一让。

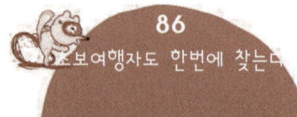

▼ **이 버스가 동물원에 갑니까?**

쩌 루 치쳐 취 똥우위앤 마
这路汽车去动物园吗?

▶ **갑니다. 표 살 분 계십니까?**

취. 요우 마이 피야오 더 메이요우
去。有买票的没有?

▼ **동물원까지 몇 정거장이나 남았습니까?**

따오 똥우위앤 하이 요우 지 짠
到动物园还有几站?

▶ **아직 몇 정거장 남았습니다.**

하이 요우 하오 지 짠
还有好几站。

▼ **도착하면 말씀해 주십시오.**

따오짠 칭 까오쑤 워
到站请告诉我。

길묻기

버스

지하철

택시

자전거

기차

교통

교통

北京의 지하철은 서울을 능가할 정도로 노선이 많으며, 알리페이, 위챗페이, QR코드 등으로 지불이 가능하다.

자주 쓰이는 표현 _ 1

- **지앤구어먼 건국문 까지 얼마나 걸립니까?**

    따오 지앤꾸어먼, 야오 뚜어샤오 스지앤

    到建国门, 要多少时间?

⋯▶ 20분이면 충분합니다.

얼스 펀쫑 찌우 꼬우 러

二十分钟就够了。

바꿔 말하기

- 왕푸징 왕부정   王府井   왕푸징
- 신지에코우 신가구   新街口   신지에코우
- 챠오양먼 조양문   朝阳门   챠오양먼

지하철

자주 쓰이는 표현 _ 2

- 어디에서 <u>갈아탑니까</u>?

    짜이 나알 환쳐
    在哪儿换车?

⋯▶ 다음 역입니다.

    시아짠
    下站。

바꿔 말하기

- **타다**　上车　샹쳐
- **내리다**　下车　시아쳐

길묻기

버스

지하철

택시

자전거

기차

교통

유용한 표현

▼ 어디서 표를 삽니까?

짜이 나알 마이 피아오
在哪儿买票?

▶ 저쪽에 있습니다.

나알 요우
那儿有。

▼ 안띵먼 안정문 까지 얼마입니까?

취 안띵먼 뚜어샤오 치앤
去安定门多少钱?

▼ 아직 몇 정거장이 남았습니까?

하이 요우 지 짠
还有几站?

▼ 어디서 내리는 것이 좋습니까?

짜이 나알 시아쳐 하오
在哪儿下车好?

▼ 어디에서 갈아탑니까?

짜이 나알 환쳐 너
在哪儿换车呢?

▶ 푸싱먼 복흥문 에서 갈아타십시오.

짜이 푸싱먼 환쳐 바
在复兴门换车吧。

▶ 저도 갈아타야 합니다. 저와 함께 가세요.

워 예 야오 환쳐, 껀 저 워 취 바
我也要换车，跟着我去吧。

▶ 시딴 서단 역에 곧 도착하겠습니다.
내리실 분은 미리 준비해 주시기 바랍니다.

시딴 쳐짠 찌우야오 따오 러.
시아 쳐 더 청커, 칭 닌 쭈어 하오 쥰뻬이
西单车站就要到了。
下车的乘客，请您做好准备。

길묻기

버스

지하철

택시

자전거

기차

교통

교통

차의 종류에 따라 요금의 차이가 나며 시내구간을 운행할 때는 미터 요금을 받지만, 외곽으로 나갈 때는 미리 요금을 결정해야 한다.

 자주 쓰이는 표현 _ 1

- 어디까지 가십니까?

    니 취 나알
    你去哪儿?

···▶ 베이징 호텔에 갑니다.

    취 베이징 판띠앤
    去北京饭店。

바꿔 말하기

- **시딴 서단**   西单   시딴
- **경찰서**   公安局   꽁안쥐
- **베이징역**   北京站   베이징짠
- **공항**   机场   지창

택시

중국에서 택시는 길에서 잡아 타거나 중국판 우버 (우리나라 카카오택시와 비슷)인 **디디 추싱**(滴滴出行) 을 이용하는 편이다.

 자주 쓰이는 표현 _ 2

- 서점 앞쪽에 세워 주십시오.

  짜이 슈띠앤 치앤비앤 팅 이시아
  在书店前边停一下。

···▶ 알겠습니다.

  하오 더
  好的。

바꿔 말하기

- **입구** 入口 루코우
- **횡단보도** 人行道 런싱따오

길묻기

버스

지하철

택시

자전거

기차

교통

유용한 표현

▼ 택시 정류장이 어디입니까?

츄주치쳐짠 짜이 나알
出租汽车站在哪儿?

▶ 어디로 가십니까?

니 취 나알
你去哪儿?

▼ 에어콘을 켜 주세요.

칭 팡 콩치
请放空气。

▼ 여기서 얼마나 걸립니까?

리 쩌얼 데이 뚜어챵 스지앤
离这儿得多长时间?

▶ 약 30분 정도 걸립니다.

따까이 빤 거 시야오스
大概半个小时。

▼ **여기서 기다려 주세요.**

칭 짜이 쩌얼 덩 이시아
请在这儿等一下。

▼ **빨리 가 주세요.**

칭 콰이 디얼
请快点儿。

▼ **공항까지 얼마입니까?**

따오 지챵 뚜어샤오 치앤
到机场多少钱?

▶ **도착했습니다. 11위앤입니다.**

따오 러. 스이 콰이 치앤
到了。十一快钱。

▼ **잔돈은 필요 없습니다.**

뿌용 쟈오치앤 러
不用找钱了。

길묻기

버스

지하철

택시

자전거

기차

교통

교통

자전거는 중국인들의 가장 보편적인 교통수단이다.

 자주 쓰이는 표현 _ 1

- 어서 오십시오.

  환잉 닌 라이
  欢迎您来。

⋯▶ <u>자전거</u> 1대를 빌리고 싶습니다.

워 시양 주 이량 쯔싱쳐
我想租一辆自行车。

- **오토바이** 摩托车 모투어쳐
- **승용차** 小汽车 시아오치쳐

자전거

北京의 경우 길이 평평하고 러시아워의 영향을 받지 않기 때문에 시민의 발로 널리 애용되고 있으며 자전거에도 등록번호가 뒤에 붙어 있고 세금을 내며 엄격한 도로규칙을 적용한다.

 자주 쓰이는 표현 _ 2

- **한 시간에 얼마입니까?**

    이거 시야오스 뚜어샤오 치앤

    一个小时多少钱?

⋯▶ 20위앤입니다.

    얼스 콰이 치앤

    二十块钱。

바꿔 말하기

- **반나절** 半天 빤티앤
- **하루** 一天 이티앤

길묻기

버스

지하철

택시

자전거

기차

교통

유용한 표현

▼ **어디에서 자전거를 빌릴 수 있습니까?**

짜이 나알 커이 주 쯔싱쳐 너
在哪儿可以租自行车呢?

▼ **자전거를 한 대 빌리고 싶습니다.**

워 시양 주 이량 쯔싱쳐
我想租一辆自行车。

▼ **한 시간 빌리는데 얼마입니까?**

주 이거 시야오스 뚜어샤오 치앤
租一个小时多少钱?

▶ **한 시간에 10위앤입니다.**

이거 시야오스 스 콰이
一个小时十块。

▼ **하루에 얼마입니까?**

빠오 이티앤 스 뚜어샤오 치앤
包一天是多少钱?

▼ 보증금이 필요합니까?

야오 부 야오 야진
要不要押金?

▼ 타이어에 바람이 없습니다. 다른 것으로 바꿔주세요.

쳐타이 메이치 러. 환 비에더 바
车胎没气了。换别的吧。

▼ 이 자전거가 마음에 듭니다.

워 시환 쩌 량 쯔싱쳐
我喜欢这辆自行车。

▼ 언제까지 돌려줘야 합니까?

따오 션머 스호우 야오 환
到什么时候要换?

▶ 8시까지는 돌려주셔야 합니다.

따오 빠 디앤 야오 환
到八点要换。

| 길묻기 |
| 버스 |
| 지하철 |
| 택시 |
| 자전거 |
| 기차 |
| 교통 |

교통

철도대국이라 불릴 만큼 거대한 철도망을 형성하고 있다.

자주 쓰이는 표현 _ 1

- 어서 오세요.

  환잉 닌 라이
  欢迎您来。

···▶ <u>티앤진 천진</u>으로 가는 기차표 1장을 주십시오.

워 야오 이장 취 티앤진 더 후어쳐피아오
我要一张去天津的火车票。

바꿔 말하기

- **시안 서안**　西安　시안
- **상하이 상해**　上海　상하이
- **지린 길림**　吉林　지린
- **칭따오 청도**　青岛　칭따오

100

기차

중국의 기차는 소요시간에 따라 高铁까오티에 特快터콰이, 直快즈콰이, 快客콰이커 등 客커 로, 좌석은 软卧루안워:부드러운 침대, 硬卧잉워:딱딱한 침대, 软座루안쭈어:부드러운 의자, 硬座잉쭈어:딱딱한 의자 등으로 나뉜다.

자주 쓰이는 표현 _ 2

- 어느 역에서 <u>타야</u>합니까?

    짜이 나알 청쳐

    在哪儿乘车?

⋯▶ 다음 역입니다.

    시아짠

    下站。

바꿔 말하기

- **내리다** 下车 시아쳐
- **갈아타다** 换车 환쳐

길묻기

버스

지하철

택시

자전거

기차

교통

유용한 표현

▼ **매표소가 어디입니까?**

쇼우피야오츄 짜이 나알
售票处在哪儿?

▼ **내일 우시 无锡 로 가는 기차표가 있습니까?**

요우 메이요우 밍티앤 취 우시 더 후어쳐피야오
有没有明天去无锡的火车票?

▶ **없는데요, 모레 표는 있습니다.**

메이요우. 호우티앤 더 요우
没有。后天的有。

▶ **부드러운 침대칸을 원하십니까,
아니면 딱딱한 침대칸을 원하십니까?**

니 야오 루안워 하이스 잉워
你要软卧还是硬卧?

▼ **가격이 많이 차이납니까?**

지아거 챠 떠 뚜어 마
价格差得多吗?

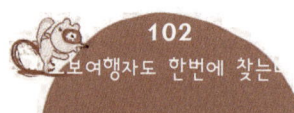

102

▼ 요금은 얼마입니까?

피야오지아 스 뚜어샤오
票价是多少?

▶ 부드러운 침대표는 120원,
딱딱한 침대표는 95원입니다.

루안워 스 이바이얼스콰이, 잉워 스 지유스우콰이
软卧是一百二十块，硬卧是九十五块。

▼ 딱딱한 침대표를 한 장 주십시오.

게이 워 이 쟝 잉워피야오
给我一张硬卧票。

▼ 몇 시에 티앤진천진으로 가는 기차가 있습니까?

지 디앤 요우 따오 티앤진 더 후어쳐
几点有到天津的火车?

▶ 내일 아침 7시에 특급열차가 있습니다.

밍티앤 자오샹 치 디앤 요우 터콰이
明天早上七点有特快。

길묻기

버스

지하철

택시

자전거

기차

교통

유용한 표현

▼ 표를 반환해도 됩니까?

넝 투이피야오 마
能退票吗?

▼ 조금 더 늦게 출발하는 기차는 없습니까?

메이요우 완 이디앤 츄파 더 마
没有晚一点出发的吗?

▼ 개표 시간이 아직 안 되었습니까?

지앤피야오 스지앤 하이메이 따오 마
检票时间还没到吗?

▶ 2번 플랫폼으로 들어가십시오.

총 얼 하오 지앤피야오코우 진취
从二号检票口进去。

▼ 도중에 내려도 됩니까?

커이 쫑투 시아쳐 마
可以中途下车吗?

▼ **다음 역은 어디입니까?**

시아 이 짠 스 나알
下一站是哪儿?

▼ **식당차는 몇 시에 문을 엽니까?**

찬쳐 총 지 디앤 잉이예
餐车从几点营业?

▼ **기차표를 잃어버렸습니다.**

워 띠우 러 후어쳐피아오
我丢了火车票。

▼ **언제 지린 길림 에 도착합니까?**

션머 스호우 따오다 지린
什么时候到达吉林?

▶ **다음날 오후 2시에 도착합니다.**

띠얼티앤 시아우 량디앤 따오
第二天下午两点到。

길묻기

버스

지하철

택시

자전거

기차

교통

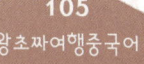

도움이 되는 활용 어휘

길	路 루
고속도로	高速公路 까오수 꽁루
큰 길	马路 마루
골목길	胡同 후퉁
일방통행도로	单行道 딴싱따오
사거리	十字路口 스쯔루코우
인도	人行道 런싱따오
건널목	平交道 핑지아오따오
지하도	地下道 띠시아따오
입체교차로	立交桥 리지아오치야오
신호등	红绿灯 홍뤼떵
육교	天桥 티앤치야오
입구	口儿 코얼
출구	出口 츄코우
교통지도	交通地图 지아오통 띠투

길묻기

시내지도	市内地图	스네이 띠투
동	东	똥
서	西	시
남	南	난
북	北	베이
앞	前	치앤
뒤	后	호우
옆	旁边	팡비앤
오른쪽	右边	요우비앤
왼쪽	左边	쭈어비앤

도움이 되는 **활용 어휘**

버스	公共汽车	꽁꽁치쳐
소형버스	小公共汽车	시아오꽁꽁치쳐
관광버스	游览车	요우란쳐
장거리버스	长途汽车	챵투 치쳐
버스정류장	公共汽车站	꽁꽁 치쳐짠
주차장	停车场	팅쳐챵
매표원	售票员	쇼우피아오위앤
운전기사	司机	쓰지
택시	出租汽车	츄주 치쳐
승합택시	面的	미앤디
택시 타는 곳	出租汽车站	츄주 치쳐짠
택시운전사	出租车司机	츄주쳐 쓰지
첫 차	头班车	토우반쳐
막 차	末班车	모반쳐
오토바이	魔托车	모투어쳐

버스 · 지하철 · 택시

자전거	自行车 쯔싱쳐
보증금	押金 야진
시간표	时间表 스지앤비아오
지하철	地铁 띠티에
지하철 노선도	地铁路线图 띠티에 루시앤투

도움이 되는 활용 어휘

기차	火车	후어처
기차역	火车站	후어처짠
기차표	火车票	후어처피아오
외국인	外国人	와이구어런
중국인	中国人	쭝구어런
어른	大人	따런
어린이	儿童	얼퉁
매표소	售票处	쇼우피아오츄
예매	预售	위쇼우
왕복	往返	왕판
플랫폼	月台	위에타이
고속열차	高铁	까오띠에
특급	特快	터콰이
급행열차	快车	콰이처
완행열차	慢车	만쳐

기차

식당차	餐车	찬처
침대차 부드러운 침대	软卧	루안워
침대차 딱딱한 침대	硬卧	잉워
좌석차 부드러운 좌석	软座	루안쭈어
좌석차 딱딱한 좌석	硬座	잉쭈어
금연석	禁烟席	진이앤시
흡연석	吸烟席	시이앤시
차장	车长	쳐쟝
출발역	始发站	스파짠
종착역	终点站	쫑디앤짠

숙박

여관이나 초대소 등의 일반 숙박시설을 제외한 호텔은 5개 등급으로 나눠진다. 등급은 별(★)로 표시되며 별 1개에서 최고급의 별 5개가 있다. 시설은 TV, 에어컨, 샤워시설, 화장실 등은 기본적으로 구비되어 있으며 급이 낮을수록 간혹 없는 경우도 있다.

호텔

- **饭店 판띠앤**

  가장 많이 사용되는 호텔의 명칭으로 주로 특급 호텔 등에 사용된다. 더 고급스러운 호텔에는 饭店 앞에 大자를 붙여 <○○大饭店>이라고 한다.

- **酒店 지요우띠앤**

  酒店도 주로 홍콩 등 중국 남방지역의 호텔에 자주 사용된다. 역시 더 고급스러운 호텔에서는 酒店 앞에 역시 大자를 붙여 <○○大酒店>이라 한다.

- **宾馆** 빈관

한자에서도 알 수 있듯이 고급스러운 호텔이라는 의미이다. 베이징에서 영빈관으로 이용되고 있는 <钓鱼台国宾馆>이 그 대표적인 예이다. 관광객도 머무를 수 있다.

기타 숙박시설

- **도미토리**

유럽의 유스호스텔과 비슷한 형태로, 호텔 안에 여러 명이 함께 숙박할 수 있도록 다인방多人房, 즉 한 방에 침대를 여러 개 놓아 1인 1침대 형식의 도미토리를 마련하고 있다.

- **대학기숙사**

방학 중에는 대부분의 대학이 대학기숙사를 개방하여 여행자들에게 숙소를 제공해 주는데 인기가 많다.

- **여관**旅馆, **초대소**招待所

외국인 여행자들은 원칙적으로 여관과 초대소에는 묵을 수 없지만 지방에 따라 호텔이 없는 경우, 묵을 수 있는 곳도 있다.

숙박

중국의 호텔은 대부분 외국인 관광객을 대상으로 한다.
등급은 별★로 나타내며 5성급 호텔이 가장 좋은 호텔이다.

자주 쓰이는 표현 _ 1

- 어떤 방을 원하십니까?

  니 야오 선머양 더 팡지앤
  你要什么样的房间?

⋯▶ 조금 싼 방을 원합니다.

  워 야오 비지야오 피앤이 더
  我要比较便宜的。

바꿔 말하기

- 조금 큰 **大一点儿** 따 이디얼
- 조용한 **安静** 안징
- 욕조가 있는 **有澡盆** 요우 자오펀
- 테라스 있는 **有阳台** 요우 양타이

체크인

호텔은 중국어로 饭店, 酒店, 宾馆, 大厦 등으로 불린다.

 자주 쓰이는 표현 _ 2

- 얼마나 묵으실 겁니까?

  니 야오 쭈 뚜어챵 스지앤
  你要住多长时间?

⋯▶ 하루입니다.

  이 티앤
  一天。

바꿔 말하기

- 삼·사일   三、四天   싼 쓰 티앤
- 일주일   一个星期   이거 싱치

유용한 표현

▼ 방을 예약하려고 합니다.

워 야오 위띵 이 지앤 팡
我要预定一间房。

▶ 싱글룸을 원하십니까, 아니면 트윈룸을 원하십니까?

니 야오 딴런팡 하이스 슈앙런팡
你要单人房还是双人房?

▼ 싱글룸으로 주세요.

워 야오 딴런팡
我要单人房。

▼ 하루에 얼마입니까?

이 티앤 뚜어사오 치앤
一天多少钱?

▶ 며칠 묵으실 겁니까?

야오 쭈 지 티앤
要住几天?

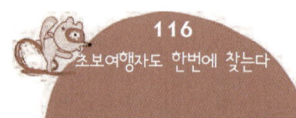

▼ 3일 정도 묵을 겁니다.

따까이 싼 티앤
大概三天。

▼ 아침식사가 포함되어 있습니까?

빠오쿠어 자오판 마
包括早饭吗?

▶ 기입을 해 주십시오. 여권번호를 여기에 써 주시고 그곳에 사인하십시오.

칭 덩지 이시아. 후쟈오 하오마 티앤 짜이 쩌얼 짜이 날 치앤밍
请登记一下。护照号码填在这儿，在那儿签名。

▼ 제 방이 몇 호입니까?

워 더 팡지앤 하오 스 뚜어사오
我的房间号是多少?

▶ 이것이 방 열쇠입니다.

쩌 스 팡지앤 더 야오스
这是房间的钥匙。

체크인

시설 이용

룸 서비스

체크 아웃

숙박

숙박

호텔의 시설은 TV 에어컨, 샤워 시설, 화장실 등은 기본적으로 구비되어 있으나 급이 낮은 호텔일수록 간혹 없는 경우도 있다.

 자주 쓰이는 표현 _ 1

- 식당이 어디입니까?

  찬팅 짜이 나알
  餐厅在哪儿?

···▶ 쭉 가다가 오른쪽으로 도십시오.

  이즈 왕 치앤 조우 란호우 왕 요우 과이
  一直往前走然后往右拐。

- 엘리베이터 电梯 띠앤티
- 미용실 美容厅 메이롱팅
- 비즈니스 센터 商务中心 상우 쭝신
- 이발소 理发店 리파디앤

시설이용

요즈음은 비즈니스 센터라고 하여 별도의 로비에서 컴퓨터나 복사기, 팩스를 운영하는 곳도 많다.

 자주 쓰이는 표현 _ 2

- 더 필요하신 것이 있습니까?

    하이 쉬야오 비에더 마
    还需要别的吗?

···▶ 끓인 물을 주십시오.

    칭 게이 워 카이쉐이
    请给我开水。

체크인

시설이용

룸서비스

체크아웃

숙박

바꿔 말하기

• 담요   毛毯   마오탄   • 샴푸   香波   시앙보

유용한 표현

▼ 여기 사우나가 있습니까?

<small>쩌리 요우 쩡치위 마</small>
这里有蒸气浴吗?

▶ 예, 지하에 있습니다.

<small>요우, 짜이 시아미앤</small>
有，在下面。

▼ 몇 시에 문을 엽니까?

<small>지 디앤 카이먼</small>
几点开门?

▶ 아침 6시에 엽니다.

<small>짜오천 리유디앤 카이</small>
早晨六点开。

▼ 여기서 기차표를 예매할 수 있습니까?

<small>짜이 쩌리 넝 위띵 후어쳐피아오 마</small>
在这里能预定火车票吗?

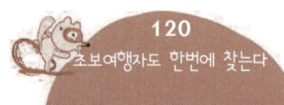

▼ **옷 몇 벌을 세탁하고 싶습니다.**

워 야오 시 지 지앤 이푸
我要洗几件衣服。

▶ **언제 필요하십니까?**

션머 스호우 야오
什么时候要?

▼ **빠르면 좋겠습니다.**

콰이 이디얼
快一点儿。

▶ **내일 오후 안내데스크에서 가져가세요.**

밍티앤 시아우 따오 푸우타이 라이 취 바
明天下午到服务台来取吧。

▼ **식당은 몇 시에 문을 엽니까?**

찬팅 지 디앤 카이 먼
餐厅几点开门?

체크인

시설
이용

룸
서비스

체크
아웃

숙박

숙박

별 둘 이상의 호텔인 경우 중식, 양식의 아침식사가 호텔식당에 가능하나 아침 일찍 출근하는 중국의 경우, 아침 6시 30분이면 길가나 주변의 식당에서 아침식사가 가능하다.

 〈 자주 쓰이는 표현 _ 1 〉

- 무엇을 주문하겠습니까?

  니 야오 디앤 션머 차이
  你要点什么菜?

···▶ 정식으로 주십시오.

  워 야오 타오찬
  我要套餐。

- **토스트**　　烤面包 카오 미앤빠오
- **계란 후라이**　煎鸡蛋 지앤 지딴
- **중국식 튀김**　油条 요우티아오
- **만두**　　包子 빠오즈

룸서비스

 자주 쓰이는 표현 _ 2

- 무엇을 마시겠습니까?

  니 시양 허 션머
  你想喝什么?

···▶ 커피를 마시겠습니다.

  워 시양 허 카페이
  我想喝咖啡。

체크인

시설 이용

룸 서비스

체크 아웃

숙박

• 우유	牛奶	니유나이	• 홍차	红茶	홍챠
• 과일쥬스	果汁	구어즈	• 레몬차	柠檬茶	닝멍챠

유용한 표현

▼ **아침 6시에 모닝콜을 부탁드립니다.**

칭 짜오상 리요우 디앤 찌아오씽 워
请早上六点叫醒我。

▼ **열쇠를 방에 두었습니다.**

워 바 야오스 왕 짜이 팡지앤리 러
我把钥匙忘在房间里了。

▼ **뜨거운 물이 안 나옵니다.**

메이요우 러슈이
没有热水。

▼ **TV가 나오지 않습니다.**

띠앤스 메이요우 화미앤
电视没有画面。

▼ **청소해 주십시오.**

칭 다쑤어 팡지앤
请打扫房间。

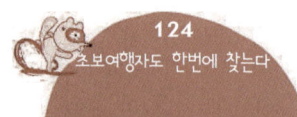

▼ 215호 입니다.

쩌리 스 얼 야오 우 하오 팡지앤
这里是二一五号房间。

▶ 룸서비스입니다. 무엇을 도와드릴까요?

스 푸우타이. 니 쉬야오 션머 푸우
是服务台。你需要什么服务?

▼ 712호실로 아침식사를 부탁드립니다.

칭 바 자오디앤 쏭따오 치야오얼 하오 팡지앤
请把早点送到七一二号房间。

▼ 얼마나 걸립니까?

야오 뚜어챵 스지앤
要多长时间?

▼ 맥주를 가져다 주세요.

칭 게이 워 나 피지요우 라이
请给我拿啤酒来。

체크인

시설 이용

룸 서비스

체크 아웃

숙박

숙박

체크아웃은 보통 12시까지 해야 한다. 미니 박스를 이용했거나 국제전화 또는 국내전화를 사용했으면 체크아웃 시 지불한다.

자주 쓰이는 표현 _ 1

- 신용카드로 지불해도 됩니까?

  커이 용 신용카 푸치앤 마

  可以用信用卡付钱吗?

…▶ 예.

  커이

  可以。

- 달러　美元　메이위앤
- 한화　韩币　한삐
- 여행자 수표　旅行支票　뤼싱즈피야오
- 수표　　　支票　　즈피야오

체크아웃

자주 쓰이는 표현 _ 2

- 체크아웃을 하려고 합니다.

    워 야오 투이팡
    我要退房。

▶ 예. 계산서가 여기 있습니다.

    하오. 쨩딴 짜이 쩌얼
    好。**账单在这儿**。

체크인

시설
이용

룸
서비스

체크
아웃

숙박

유용한 표현

▼ 체크아웃은 몇 시까지입니까?

커이 따오 지 디앤 퉤이팡
可以到几点退房?

▶ 12시까지입니다.

스얼디앤 치앤
十二点前。

▼ 계산을 해주십시오.

지에쟝 바
结账吧。

▼ 영수증을 주십시오.

칭 게이 워 쟝딴
请给我账单。

▼ 택시를 불러 주십시오.

칭 찌야오 이 량 츄주치쳐
请叫一辆出租汽车。

▼ **이 짐을 12시까지 보관해 주십시오.**

칭 바 쩌 지앤 싱리 빠오관 따오 스얼디앤
请把这件行李保管到十二点。

▼ **이것은 무슨 비용입니까?**

쩌 스 선머 페이용
这是什么费用?

▶ **장거리 전화비용입니다.**

쩌 스 창투 띠앤화페이
这是长途电话费。

▼ **방에 물건을 두고 나왔습니다.**

워 바 똥시 라짜이 팡지앤리 러
我把东西落在房间里了。

▼ **하루 더 묵을 수 있습니까?**

짜이 쭈 이 티앤 커이 마
再住一天, 可以吗?

체크인

시설
이용

룸
서비스

체크
아웃

숙박

도움이 되는 **활용 어휘**

체크인	登记	덩지
예약	预定	위띵
예약확인	确认预定	취에런 위띵
호텔	饭店	판띠앤
방	房间	팡지앤
욕실	浴室	위스
침실	寝室	친스
열쇠	钥匙	야오스
서비스 데스크	服务台	푸우타이
서비스 직원	服务员	푸우위앤
지배인	经理	징리
책임자	负责人	푸저런
싱글룸	单人房	딴런팡
트윈룸	双人房	슈앙런팡
할인	优惠	요우훼이

체크인

단체 여행객	团体旅游团	투안티 뤼요우투안
성	姓	싱
이름	名字	밍즈
국적	国籍	구어지
직업	职业	즈이예
여권번호	护照号码	후쟈오 하오마
서명	签名	챠앤밍
주소	地点	띠디앤
날짜	日期	르치
숙박부	住宿登记表	쭈쑤 덩지비아오

도움이 되는 활용 어휘

세탁소	洗衣店 시이디앤
물세탁	水洗 슈이시
드라이 크리닝	干洗 깐시
바지	裤子 쿠즈
치마	裙子 췬즈
털옷	毛衣 마오이
속옷	内衣/衬衣 네이이/천이
실크	真丝 쩐스
단추	扣子 코우즈
이발	剪头 지앤토우
드라이	吹风 츄이펑
면도	刮胡子 꽈 후즈
염색	染头 란토우
파마	烫发 탕파
수영장	游泳场 요우용창

시설이용

헬스클럽	健身房	지앤션팡
엘리베이터	电梯	띠앤티
커피숍	咖啡厅	카페이팅
가라오케	卡啦OK	카라오케이
술집(bar)	酒吧	지유바
상점	商店	상띠앤

도움이 되는 활용 어휘

룸 서비스	客房服务	커팡 푸우
객실	客房	커팡
전화	电话	띠앤화
아침식사	早饭	짜오판
수건	毛巾	마오진
비누	肥皂	페이짜오
샴푸	香波	시양보
린스	润丝	룬쓰
칫솔	牙刷	야슈아
치약	牙膏	야까오
재떨이	烟灰缸	이앤훼이깡
컵	杯子	뻬이즈
침대보	床单	츄앙딴
텔레비전	电视	띠앤스
휴지	卫生纸	웨이성즈

룸서비스 · 체크아웃

체크아웃	退房	투이팡
계산	结账	지에장
숙박비	房费	팡페이
할인	折扣	저코우
서비스요금	服务费	푸우페이
합계	总金额	종진으어
전화요금	电话费	띠앤화페이
신용카드	信用卡	신용카
여행자 수표	旅行支票	뤼싱 즈피아오
수표	支票	즈피아오
한화	韩币	한삐
달러	美元	메이위앤

식사

중국은 음식 천국이라고 불릴 만큼 많은 재료와 요리법으로 요리의 종류가 매우 다양하다.
중국을 대표하는 요리를 크게 베이징 요리, 쓰촨요리, 광동 요리, 상하이 요리 등 4가지로 분리할 수 있는데, 이를 4대 중국요리라고 한다.

베이징요리 北京菜

수도인 베이징을 중심으로 주로 궁중요리 등 고급요리가 발달했다.
좋은 재료를 사용하고 보기 좋게 장식하는 것이 특징이다.
대표적인 것은 밀가루를 이용한 만두, 찐빵, 국수 등과 육류(오리, 돼지, 닭)요리이다.
유명한 요리로는 베이징 카오야북경오리구이이다.

• 베이징 카오야 北京烤鴨

통통하게 살찌운 오리를 잡아서 내장을 꺼내고 살과 껍질사이에 공기를 불어 넣고, 부풀린 껍질 사이에 물엿을 정성껏 바르고 며칠 동안 말려 불에 굽는다. 완전히 구운 오리는 甜面醬이라고 불리는 감미된장과 함께 얇은 전병 등에 말아서 먹는다. 또 곰발바닥, 상어지느러미, 제비집요리 등 귀중한 산해진미를 윤택하게 사용하고 있는 것도 궁중요리의 특징이다.

쓰촨요리 四川菜

쓰촨요리는 매운 맛으로 유명하고 색채와 맛이 매우 강한 편이다. 지형상의 특징상 부패하는 것을 막기 위하여 향신료가 발달하였고 강한 양념을 사용한 매운 맛이 특징으로 우리나라 사람의 입맛에도 잘 맞는다.

유명한 요리로는 麻婆豆腐 마파두부 등이 있다. 매운 요리는 메뉴에 辣라고 씌어져 있으므로 참고하도록 한다.

상하이요리 上海菜

남쪽지방의 요리로 *江苏省扬州* 강소성 양주가 본고장이다. 바다와 호수에 둘러싸여 메뉴에는 해산물을 이용한 요리가 많으며 지방 특유의 소스를 사용하여 맛이 비교적 담백하고 기름기가 많으며 진하다.
상하이는 뭐니뭐니해도 *上海蟹* 상하이게가 유명하다. *上海蟹*는 양자강 하구 일대에서 잡히는 것이 가장 크고 맛도 좋다고 한다.

광동요리 广东菜

*食在广州*라고 옛날부터 말해지는 것처럼 광동 지방의 요리의 맛, 재료의 풍부함과 다양한 조리법은 세계에 널리 알려져 있다. 광동 요리는 남부 연안 지방을 대표하는 것으로 상큼한 맛이 특징이다. 원숭이, 뱀, 고양이, 고슴도치, 거북, 유충 등의 모든 재료를 사용하는 것으로도 유명하다.
유명한 요리로는 상어지느러미스프, 뱀 요리 등이 있다.

간식 点心

点心은 원래 '마음에 점을 찍는다'는 뜻이지만 간단한 음식이라는 의미로 쓰인다. 우리에게는 딤섬이라는 이름으로 잘 알려져 있는데 이것은 광동식 발음이다. 3,000년 전부터 광동 지방에서 만들어 먹기 시작해 지금은 대표적인 곳이 상하이이다. 딤섬의 종류는 다양하며 유명한 것이 包子 만두이다.

패스트푸드 · 한국음식점

맥도널드나 롯데리아 등 패스트푸드점이 대도시에 진출해 있어서 가벼운 식사를 할 수가 있으며 조선족이나 한국인이 운영하는 한국음식점도 많이 있다.

길거리 음식점

중국에서는 길거리에서 음식을 파는 곳들이 많다. 간단한 국수류나 꼬치 등을 팔며, 가격은 10元 사이로 매우 경제적이다.

식사

중국은 예부터 먹는 것을 중시하여 요리가 많이 발달하였다.

자주 쓰이는 표현 _ 1

- 모두 몇 분이시죠?

    이꽁 지 웨이

    一共几位?

···▶ <u>3명</u>입니다.

   싼거런 / 싼웨이

   三个人 / 三位。

- **1명**   一位   이 웨이
- **2명**   两位   량 웨이

안내/주문

음식 천국이라고 불릴 만큼 다양한 요리 가짓수와 요리법을 가지고 있는 중국요리를 맛보도록 하자!

자주 쓰이는 표현 _ 2

- 주문을 하시겠습니까?

  디앤 차이 마
  点菜吗?

…▶ 먼저 메뉴를 주십시오.

  시앤 게이 워 차이딴 하오 마
  先给我菜单好吗?

안내 주문

패스트 푸드점

계산

식사

바꿔 말하기

- 제일 잘 하는 요리   拿手菜   나쇼우 차이
- 베이징 오리구이   北京烤鸭   베이징 카오야
- 볶은 닭고기   宫爆鸡丁   꿍빠오 지띵

141
왕초짜여행중국어

유용한 표현

▶ **주문하시겠습니까?**

디앤 차이 마
点菜吗?

▼ **아가씨, 여기서 가장 잘하는 음식이 무엇입니까?**

시야오지에, 쩌얼 더 나쇼우차이 스 션머
小姐, 这儿的拿手菜是什么?

▶ **쓰촨 사천요리를 잘합니다.**

쓰촨차이 쭈어 더 부추어
四川菜做得不错。

▼ **물 한 잔 주세요.**

칭 게이 워 이 뻬이 쉐이
请给我一杯水。

▼ **메뉴판을 보여주십시오.**

바 차이딴 게이 워 칸칸
把菜单给我看看。

▼ **한국사람 입맛에 맞는 음식이 있습니까?**

요우 메이요우 뒈이 한구어런 더 코우웨이 헌 허스 더 차이
有没有对韩国人的口味很合适的菜?

▼ **이 음식은 어떻게 먹습니까?**

쩌거 차이 쩐머 츠
这个菜怎么吃?

▼ **취소시켜도 됩니까?**

커이 취시야오 마
可以取消吗?

▼ **음료수는 무엇이 있습니까?**

요우 션머 인리야오
有什么饮料?

▶ **또 어떤 음식이 필요합니까?**

하이 야오 션머 차이
还要什么菜?

안내
주문

패스트
푸드점

계산

식사

식사

맥도날드는 중국인들이 즐겨찾는 패스트푸드점으로 그 외에도 KFC, 피자헛, 롯데리아 등이 성업 중에 있다.

자주 쓰이는 표현 _ 1

- 어서 오세요. 주문하십시오.

    환잉 꽝린 칭 디앤차이
    欢迎光临。请点菜。

⋯▶ <u>햄버거</u> 하나와 콜라 한 잔 주세요.

    칭 게이 워 이 거 한빠오 허 이 뻬이 커러
    请给我一个<u>汉堡</u>和一杯可乐。

- 치즈버거   吉士汉堡   지스 한빠오
- 샌드위치   三明治   싼밍즈
- 핫도그   热狗   러꼬우

패스트푸드점

안내
주문

패스트
푸드점

계산

식사

 자주 쓰이는 표현 _ 2

- 그 밖에 더 필요하신 것이 있습니까?

  하이 쉬야오 치타 더 똥시 마
  还需要其他的东西吗?

⋯▶ 토마토케첩을 좀 많이 주세요.

  칭 뚜어 게이 워 이시에 판치에지양
  请多给我一些 番茄酱。

바꿔 말하기

• 냅킨	餐巾纸	찬진즈
• 버터	黄油	황요우
• 잼	果酱	구어지양

유용한 표현

▼ 샌드위치와 커피 한 잔 주십시오.

칭 게이 워 이 거 싼밍즈 허 이 뻬이 카페이
请给我一个三明治和一杯咖啡。

▶ 여기서 드시겠습니까, 아니면 가져가시겠습니까?

짜이 쩌얼 츠 하이스 따이 조우
在这儿吃还是带走?

▼ 가져가겠습니다.

따이 조우
带走。

▼ 여기서 먹을 겁니다.

짜이 쩌얼 츠
在这儿吃。

▶ 주문하신 것이 다 나왔습니다.

니 디앤 더 또 하오 러
你点的都好了。

▼ 실례지만, 빨대가 어디에 있습니까?

칭원, 시꽌 짜이 나알
请问，吸管在哪儿？

▼ 냅킨을 좀 더 주십시오.

칭 뚜어 게이 워 찬진즈
请多给我餐巾纸。

▼ 2층에 좌석이 있습니까?

짜이 얼 로우 요우 메이요우 쭈어웨이
在二楼有没有座位？

▼ 빈 자리가 없습니다.

커 만 러
客满了。

▶ 잠깐만 기다려 주십시오.

칭 덩 이시아
请等一下。

안내
주문

패스트
푸드점

계산

식사

식사

중국은 주문 식단제이며 계산 시 다시 한 번 주문된 음식과 계산서에 기재된 사항 및 가격을 확인한다.

자주 쓰이는 표현 _ 1

- 모두 얼마지요?

    이꽁 뚜어샤오 치앤

    一共多少钱?

···▶ 모두 <u>150위앤</u>입니다.

   이꽁 스 이바이 우스 콰이

   一共是一百五十块。

- 70원 七十块 치스 콰이
- 210원 二百一十块 얼바이 이스 콰이

계산

자주 쓰이는 표현 _ 2

- 무엇이 포함된 가격입니까?

  또 빠오쿠어 선머
  ### 都包括什么?

···▶ 세금 포함입니다.

  빠오쿠어 쉐이진
  ### 包括税金。

안내
주문

패스트
푸드점

계산

식사

- **서비스금액** 服务费 푸우페이
- **음료수값** 饮料费 인랴오페이

유용한 표현

▼ 계산서 좀 갖다 주십시오.

칭 나 짱딴 라이
请拿账单来。

▶ 네, 잠시만 기다리십시오.

하오, 칭 덩 이시아
好，请等一下。

▼ 이것은 하나에 얼마입니까?

쩌 이거 뚜어샤오 치앤
这一个多少钱？

▼ 신용카드로 계산해도 됩니까?

커이 용 신용카 푸치앤 마
可以用信用卡付钱吗？

▼ 계산서를 볼 수 있겠습니까?

커이 칸 이시아 쟝딴 마
可以看一下账单吗？

▶ 물론이죠.

땅란 커이
当然可以。

▼ 계산서가 약간 잘못된 것 같군요.

워 시양 쟝딴샹 요우 차추어
我想账单上有差错。

▼ 이 음식은 취소했는데요.

워 취시야오 러 쩌 거 차이
我取消了这个菜。

▼ 이 음식은 시킨 적이 없습니다.

워 메이요우 디앤꾸어 쩌 거 차이
我没有点过这个菜。

▶ 고맙습니다. 또 오십시오.

시에시에. 환잉 짜이 라이
谢谢。欢迎再来。

| 안내 주문 |
| 패스트 푸드점 |
| 계산 |
| **식사** |

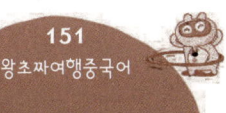

도움이 되는 **활용 어휘**

중국요리	中餐	쭝찬
서양요리	西餐	시찬
한국요리	韩国菜	한구어차이
해산물	海鲜	하이시앤
음식점	餐厅/餐馆/酒家	찬팅/찬관/지유지아
주문	点菜	디앤차이
아침식사	早餐	짜오찬
점심식사	午餐	우찬
저녁식사	晚餐	완찬
육류	肉类	로우레이
어류	鱼类	위레이
과일	水果	쉐이구어
물	水	쉐이
끓인 물	开水	카이쉐이
술	酒	지유
차	茶	차

안내/주문

메뉴판	菜单	차이딴
종업원	服务员	푸우위앤
여종업원	小姐	시야오지에
야채	蔬菜	슈차이
냅킨	餐巾纸	찬진즈
젓가락	筷子	콰이즈
숟가락	勺子	샤오즈
포크	叉子	차즈
칼	刀子	따오즈
컵	杯子	뻬이즈
접시	盘子	판즈
오목그릇	碗	완
이쑤시개	牙签	야치앤
재떨이	烟灰缸	이앤훼이깡
물수건	湿手巾	스쇼우진

도움이 되는 **활용 어휘**

햄버거	汉堡	한빠오
피자	比沙	삐샤
빵	面包	미안빠오
샌드위치	明治	싼밍즈
핫도그	热狗	러꼬우
샐러드	沙拉	샤라
햄	火腿	후어투이
케이크	蛋糕	딴까오
케첩	蕃茄酱	판치에지양
치즈	吉士	지스
버터	黄油	황요우
잼	果酱	구어지양
커피	咖啡	카페이
콜라	可乐	커러
쥬스	果汁	구어즈

패스트푸드점 · 계산

홍차	红茶	훙차
녹차	绿茶	뤼차
사이다	汽水	치쉐이
자스민차	花茶	화차
요구르트	酸奶	쑤안나이
우유	牛奶	니유나이
계산	算账/结账	쑤안짱/지에짱
계산서	账单	짱딴
카운터	柜台	꿰이타이
서비스요금	服务费	푸우페이
팁	小费	시야오페이
신용카드	信用卡	신융카
현금	现金	시앤진
거스름돈	找钱	자오치앤
영수증	发票/收据	파피야오/쇼우쥐

쇼핑

중국은 땅이 넓고 사람이 많은 만큼 물건의 종류도 많다. 특히 기념품으로 술, 차, 옥(玉), 공예품 등이 인기가 있다. 중국의 상점은 외국인전용이 따로 있으며 백화점, 우의상점, 국영상점, 자유시장, 노점, 전문점 등이 있다.

우의상점 友谊商店

대도시의 호텔 주변에 위치한 외국인 전용상점으로 중국인들도 이용하지만 대부분 외국인 이용객들이 많다. 대부분의 상품이 믿을 만하지만 일반 시중에서 살 수 있는 것보다 가격이 조금 비싸다. 중국의 특산품이 주류를 이루고 실크류, 자기류, 보석류 그리고 한방약품 등이 있다.
신용카드의 사용이 아직은 일반화되어 있지 않으며 현금만 사용해야 하는 곳이 많다.

백화점 百货大楼

베이징이나 상하이 등의 대도시에는 대규모의 백화점이 많이 들어서고 있다. 외국자본이나 화교들의 자본으로 세워지는 경우와 국영인 곳이 있다.
중국의 국내 상품 뿐만 아니라 요즘은 개방화의 영향으로 외국의 유명 브랜드 제품도 많이 들어와 있다.
대부분 상점에서 정찰제를 실시하고 있으나 어느 정도 할인이 가능한 곳도 많이 있다.

왕푸징·류리챵

왕푸징王府井은 베이징에 있는 최대의 번화한 상점거리로서 우의상점, 신화서점 등을 비롯해 우의빈관과 같은 호화호텔도 자리하고 있다. 일찍이 황실의 저택이 있던 곳으로, 황실의 우물 이름을 따서 왕푸징이라 불리게 되었다. 화려하고 호화스러운 상점과 빌딩이 많으며 또한 먹거리도 많아서 다양한 간식거리를 맛볼 수 있다. 류리창琉璃厂은 우리의 인사동과 비교할 수 있는 곳으로 골동품의 거리로 유명하다. 서화, 도장, 붓 등을 사고 싶은 사람은 한번 들러 볼 만하다.

쇼핑

베이징이나 상하이 등의 대도시에는 대규모의 백화점이 많이 들어서고 있다. 외국자본이나 화교들의 자본으로 세워지는 경우와 국영인 곳이 있다.

 ˂ 자주 쓰이는 표현 _ 1 ˂

- 무엇을 원하십니까?

  닌 야오 션머
  您要什么?

···▶ 그냥 보는 겁니다.

  워 즈스 칸칸
  我只是看看。

바꿔 말하기

• 이것 좀 보여주세요.   请给我看看这个。   칭 게이 워 칸칸 쩌거
• 친구에게 줄 선물을 사고 싶은데요. 我想买送给朋友的礼物。

워 샹양 마이 쏭 게이 펑요우 더 리우

백화점

대부분의 상점에서 정찰제를 실시하고 있으나 어느 정도의 할인이 가능한 곳도 있다.

 자주 쓰이는 표현 _ 2

- 특산품은 어디에 있습니까?

    트어찬핀 짜이 나알
    特产品在哪儿?

…▶ 저쪽에 있습니다.

    짜이 나알
    在那儿。

바꿔 말하기

- 공예품　工艺品　꽁이핀
- 화장품　化妆品　화쥬앙핀

백화점

옷
신발

공예품

쇼핑

유용한 표현

▼ **3층에는 무엇이 있습니까?**

싼로우 요우 션머
三楼有什么?

▶ **여성복이 있습니다.**

요우 뉘스 푸쟝
有女士服装。

▼ **구두 매장은 몇 층에 있습니까?**

피시에 짜이 지 로우
皮鞋在几楼?

▼ **꺼내 보여 주시겠습니까?**

나 츄라이 칸칸 하오 마
拿出来看看好吗?

▼ **엘리베이터(에스컬레이터)는 어디에 있습니까?**

띠앤티(성지앙티) 짜이 나알
电梯(升降梯)在哪儿?

▼ **너무 비쌉니다.**

쩌 타이 꿰이 러
这太贵了。

▼ **조금 싸게 해 주실 수 있습니까?**

넝 뿌넝 피앤이 이디얼
能不能便宜一点儿?

▶ **여기서는 깎아드릴 수가 없습니다.**

쩌얼 뿌넝 피앤이
这儿不能便宜。

▼ **나중에 다시 오겠습니다.**

시아츠 짜이 라이 바
下次再来吧。

▼ **다시 생각해 보겠습니다.**

워 야오 짜이 시양 이 시양
我要再想一想。

백화점

옷
신발

공예품

쇼핑

쇼핑

중국의 가격 수준은 싼 편이며 특히 수공예품은 우리보다 훨씬 저렴하고 백화점이나 전문점에서 손쉽게 구할 수 있으나 품질을 생각하고 구입해야 하며 할인이 되는 곳도 있으므로 가격을 잘 흥정해야 한다.

자주 쓰이는 표현 _ 1

- 무엇을 원하세요?

    닌 야오 마이 션머
    您要买什么?

···▶ <u>바지</u>를 보여 주십시오.

    바 쿠즈 게이 워 칸칸
    把<u>裤子</u>给我看看。

• 치마	裙子	췬즈	• 모자	帽子 마오즈
• 가죽구두	皮鞋	피시에	• 장갑	手套 쇼우타오

옷/신발

자주 쓰이는 표현 _ 2

- 다른 색깔을 보여 주세요.

  게이 워 칸칸 비에더 이앤써
  给我看看别的颜色。

...▶ 잠깐만 기다리십시오.

  샤오 떵 이시아
  稍等一下。

백화점

옷
신발

공예품

쇼핑

- **모양**　样子　양즈
- **회사제품**　品牌　핀파이
- **치수**　号码　하오마

유용한 표현

▼ **차이나 드레스를 입어보고 싶습니다.**

워 시양 츄안 쫑구어 츄안통 더 푸쥬앙
我想穿中国传统的服装。

▼ **어떤 색깔이 있습니까?**

요우 션머 이앤써 더
有什么颜色的?

▼ **입어봐도 됩니까?**

커이 스츄안 마
可以试穿吗?

▼ **저는 중국의 치수를 모릅니다.**

워 뿌즈따오 쫑구어 더 츠춘
我不知道中国的尺寸。

▶ **조금 큰 것으로 입으셔야겠습니다.**

니 야오 츄안 따 이디얼 더
你要穿大一点儿的。

▼ **탈의실이 어디입니까?**

스이지앤 짜이 나알
试衣间在哪儿?

▶ **이 옷은 어떻습니까?**

쩌 지앤 이푸 쩐머양
这件衣服怎么样?

▼ **너무 길군요. / 너무 짧군요.**

타이 챵 / 타이 뚜안
太长。/ 太短

▼ **아주 예쁩니다.**

페이챵 하오칸
非常好看。

▼ **제가 입을 것이 아닙니다.**

뿌스 워 츄안 더
不是我穿的。

백화점

옷
신발

공예품

쇼핑

쇼핑

중국적인 공예품을 구한다면 베이징의 경우 琉璃场리우리창이나 王府井왕푸징이 비교적 유명하다. 반지, 목걸이 등의 장신구에서부터 도장, 자기, 그림 등을 구경할 수 있다.

자주 쓰이는 표현 _ 1

- 여기에 산수화가 있습니까?

  쩌리 요우 샨쉐이화 마

  这里有山水画吗?

···▶ 있습니다.

  요우

  有。

바꿔 말하기

- 진주 珍珠 쩐주
- 붓   毛笔 마오삐
- 도자기 陶瓷 타오츠
- 골동품 古玩 꾸완

공예품

도장을 살 때 이름은 무료로 새겨주며 가격을 흥정하는 것이 중요하며 같은 물건이라도 곳에 따라 가격이 천차만별이다.

 〉 자주 쓰이는 표현 _ 2 〈

- 이것은 무엇으로 만들었습니까?

    쩌 스 용 션머 쭈어 더
    这是用什么做的?

···▶ 그것은 옥으로 만들었습니다.

    쩌 스 용 위 쭈어 더
    这是用玉做的。

바꿔 말하기

- **상아**   象牙   시양야
- **금**   金   진
- **실크**   真丝   쩐쓰
- **면**   棉   미앤

유용한 표현

▼ **진품입니까?**

스 쩐더 마
是真的吗?

▶ **물론입니다.**

땅란
当然。

▼ **과연 비싸군요!**

꽈이부더 쩌머 꿰이
怪不得这么贵!

▼ **조금 싼 것은 없습니까?**

요우 메이요우 피앤이 디얼 더
有没有便宜点儿的?

▶ **죄송합니다, 지금은 없습니다.**

뛔이부치, 시앤짜이 메이요우 러
对不起,现在没有了。

▶ **벌써 다 팔렸습니다.**

이징 마이 완 러
已经卖完了。

▼ **또 다른 것이 있습니까?**

하이 요우 비에더 마
还有别的吗?

▼ **좀 보여 주시겠습니까?**

게이 워 칸칸 하오 마
给我看看好吗?

▶ **잠깐만 기다리십시오.**

샤오 덩 이시아
稍等一下。

▼ **선물용으로 포장해 주십시오.**

칭 게이 워 빠오쥬앙
请给我包装。

백화점

옷
신발

공예품

쇼핑

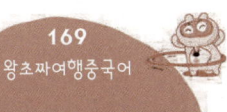

도움이 되는 활용 어휘

우의상점	友谊商店	요우이 샹띠앤
국영상점	国营商店	구어잉 샹띠앤
특산품	特产品	터챤핀
문구점	文具店	원쥐띠앤
슈퍼마켓	超级市场	차오지 스챵
자유시장	自由市场	쯔요우 스챵
백화점	百货商店	바이후어 샹띠앤
도매	批发	피파
소매	零售	링쇼우
시계수리	钟表修理	쫑비아오 시유리
완구점	玩具店	완쥐띠앤
식료품	副食品	푸스핀
장신구	首饰	쇼우스
점원	售货员	쇼우후어위앤
견본	样品	양핀

백화점

선물	礼品/礼物	리핀/리우
고급상품	高级商品	까오지 샹핀
공예품	工艺品	꽁이핀
화장품	化妆品	화쥬앙핀
일상용품	日常用品	르챵 용핀
가정용품	家庭用品	지아팅 용핀
유명상품	名牌	밍파이
국산품	国产品	구어챤핀
수입품	进口商品	진코우 샹핀
비디오테이프	录像带	루샹따이
녹음테이프	录音带/磁带	루인따이/츠따이

도움이 되는 활용 어휘

옷	衣服 이푸
양복	西服 시푸
바지	裤子 쿠즈
치마	裙子 췬즈
양모	羊毛 양마오
넥타이	领带 링따이
실크	丝绸 쓰쵸우
구두	皮鞋 피시에
가죽허리띠	皮带 피따이
장갑	手套 쇼우타오
스타킹	长袜 챵와
양말	袜子 와즈
수건	围巾 웨이진
색깔	颜色 이앤써
흰색	白色 바이써

옷/신발

검정색	黑色	헤이써
빨간색	红色	홍써
노란색	黄色	황써
보라색	紫色	즈써
초록색	绿色	뤼써
파란색	蓝色	란써
갈색	棕色	종써
회색	灰色	훼이써
크기	大小	따시야오
호수	号码	하오마
모양	样子	양즈

왕초짜여행중국어

도움이 되는 **활용 어휘**

공예품	工艺品	꽁이핀
옥	玉	위
도기	陶器	타오치
자기	瓷器	츠치
도자기	陶瓷	타오츠
도장	图章	투장
그림	画	화
산수화	山水画	산쉐이화
수묵화	水墨画	쉐이모화
묵	墨	모
붓	毛笔	마오삐
진주	珍珠	쩐쥬
반지	戒指	지에즈
목걸이	项链	시앙리앤
귀걸이	耳环	얼환

공예품

금	金	진
은	银	인
비취	翡翠	페이추이
인형	娃娃	와와
마	麻	마
비단	丝绸	쓰쵸우
모직	毛织	마오즈
가죽	皮	피
소가죽	牛皮	니우피
양가죽	羊皮	양피
돼지가죽	猪皮	쥬피
사슴가죽	鹿皮	루피
악어가죽	鳄鱼皮	어위피

관광

거리 전체가 역사박물관과 같은 베이징, 중국문명의 발상지인 황하강유역의 도시들, 역사가 오래된 만큼 둘러볼 만한 명승고적이 많다.

관광명소 北京

- **천안문** 天安门

  역대 황제가 거하던 故宮(紫禁城 자금성)의 정면현관에 있는 화려한 문이다. 문의 중심에는 故 마오쩌둥 주석의 초상화가 걸려 있고 지붕 아래에는 국장이 반짝이고 있다. 천안문 앞에 있는 것이 천안문 광장인데, 네 모퉁이에는 각각 인민대회당, 모택동 기념당, 중국역사박물관, 중국혁명박물관이 있다.

- **고궁박물관** 古宮博物院

  보통 자금성 紫禁城 이라고 말하는 명·청조 시대의 궁궐로 천안문 뒤에 있으며 황제가 국가적인 행사와 의식을 행했던 곳이다.

- **만리장성** 长城

  2,500년 전의 주나라 말에 북방의 유목민족의 침입을 막기 위해 북쪽의 국경에서 성을 쌓기 시작하여 그 이후, 진의 시황제가 거의 지금과 같은 모습으로 지었다. 장성으로 가는 길은 베이징의 북서쪽 약 60km되는 곳에 있는 팔달령 八达岭 에서 올라간다.

- **천단** 天坛

  명·청나라 황제들이 매년 하늘에 풍년을 기원하는 제사를 지냈던 곳으로 베이징 남쪽에 위치하고 있다.

- **이화원** 颐和园

  서태후가 살았던 별궁으로 유명하며 세계문화유산으로 지정되어 있다. 인공호수인 곤명호 昆明湖 가 대부분을 차지하며 호수를 만들기 위해 파낸 그 흙으로 산을 만들고 그 위에 누각을 지었다.

관광안내

관광안내 책자나 시내지도, 교통지도 등은 각 도시의 공항이나 역, 버스터미널 주변에서 구할 수 있다. 또 가판대나 작은 기념상점 안에는 그 도시나 성省의 안내책자, 크고 작은 지도 등이 있다.

관광

거리 전체가 역사박물관과 같은 베이징과 중국 문명의 발상지인 황허황하유역의 도시들.

자주 쓰이는 표현_1

- 어느 곳에 가고 싶습니까?

  니 시양 취 션머 띠팡
  你想去什么地方?

…▶ 창청 만리장성 에 가고 싶습니다.

  워 시양 취 창청
  我想去长城。

바꿔 말하기

- **고궁** 故宫 꾸궁
- **티앤안먼** 천안문 天安门 티앤안먼
- **이허위앤**이화원 颐和园 이허위앤

관광안내

중국인들의 오랜 역사를 거슬러 올라가는 듯한 느낌으로 관광할 수 있는 명승고적이 아주 많다.

 자주 쓰이는 표현 _ 2

- 유람선을 탈 수 있습니까?

    넝 쭈어 요우란츄안 마
    能坐游览船吗?

···▶ 물론이지요.

    땅란 커이
    当然可以。

관광안내

관광지

관광버스

관광

바꿔 말하기

- 말을 타다 骑马 치 마
- 전화를 걸다 打电话 다 띠앤화
- 표를 사다 买票 마이 피야오
- 사진을 찍다 拍照 파이 쨔오

관광

 ＜ 자주 쓰이는 표현 _ 3 ＜

- 언제 문을 엽니까?

  션머 스호우 카이먼
  什么时候开门?

⋯▶ 오전 10시에 엽니다.

  샹우 스디앤 카이먼
  上午十点开门。

바꿔 말하기

- 오후 1시　下午一点　시아우 이디앤
- 오후 3시　下午三点　시아우 싼디앤

관광안내

자주 쓰이는 표현 _ 4

- 시내지도를 주십시오.

  게이 워 스네이 띠투
  给我市内地图。

…▶ 네, 잠깐만 기다리십시오.

  하오 더, 칭 샤오 덩
  好的。请稍等。

바꿔 말하기

- 관광안내도 游览图 요우란투
- 지하철 노선도 地铁路线图 띠티에 루사앤투
- 교통지도 交通图 쟈오통투
- 시지도 市区图 스취투

관광 안내

관광지

관광 버스

관광

유용한 표현

▼ **좋은 관광지 좀 소개해 주십시오.**

찌에샤오 이시아 요우밍 더 꽌광츄
介绍一下有名的观光处。

▶ **베이하이 공원을 추천하고 싶습니다.**

워 시양 투이지앤 베이하이 꽁위앤
我想推荐北海公元。

▼ **유명한 명승고적이 어디에 있습니까?**

요우밍 더 밍셩구지 짜이 나알
有名的名胜古迹在哪儿?

▼ **어느 곳의 풍경이 좋습니까?**

나알 더 펑징 하오
哪儿的风景好?

▶ **꿰이린계림의 풍경이 정말 아름답습니다.**

꿰이린 더 펑징 쩐 메이
桂林的风景真美。

▼ 시내 지도 한 장 주십시오.
  어느 곳의 풍경이 가장 아름답습니까?

  워 야오 마이 이 장 스취투. 나알 더 펑징 쮀이 메이
  我要买一张市区图。哪儿的风景最美？

▶ 모두 비슷합니다. 이허위앤(이화원)에 가세요.

  또 챠부뚜어. 취 이허위앤 바
  都差不多。去颐和园吧。

▼ 거기서 배를 탈 수 있습니까?

  날 넝 쭈어 츄안 마
  那儿能坐船吗？

▼ 여기서 어떻게 갑니까?

  총 쩌얼 쩐머 조우
  从这儿怎么走？

▶ 375번 버스를 타세요.

  쭈어 싼치우루 처 바
  坐三七五路车吧。

관광
안내

관광지

관광
버스

관광

관광

관광지에서의 음식값과 기념품값은 비싸며 외국인은 바가지와 소매치기의 대상이 되기 쉬우므로 주의해야 한다.

자주 쓰이는 표현 _ 1

- 입장료는 얼마입니까?

    먼피아오 뚜어샤오 치앤

    门票多少钱?

…▶ 5위앤입니다.

    우 콰이

    五块。

바꿔 말하기

- 학생표　学生票　쉬에셩피아오
- 어린이표　儿童票　얼통피아오
- 외국인표　外国人票　와이구어런피아오

관광지

자주 쓰이는 표현 _ 2

- 언제 문을 닫습니까?

    션머 스호우 꽌먼
    什么时候关门?

···▶ 오후 5시에 닫습니다.

    시아우 우디앤 꽌먼
    下午五点关门。

관광 안내

관광지

관광 버스

관광

바꿔 말하기

- 오후 3시 下午三点 시아우 싼디앤
- 저녁 7시 晚上七点 완샹 치디앤
- 일요일 星期天 싱치티앤
- 수요일 星期三 싱치싼

유용한 표현

▼ **어른표 두 장 주세요.**

칭 게이 워 량 짱 따런피아오
请给我两张大人票。

▼ **기념품은 어디에서 팝니까?**

짜이 나알 마이 지니앤핀
在哪儿卖纪念品?

▼ **여기는 어디입니까?**

쩌 스 션머 띠팡
这是什么地方?

▼ **안내 좀 해 주십시오.**

칭 게이 워 지에샤오 이시아
请给我介绍一下。

▼ **화장실이 어디입니까?**

시쇼우지앤 짜이 나알
洗手间在哪儿?

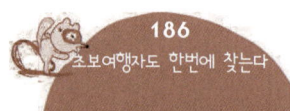

▼ **누가 살던 곳입니까?**

스 쉐이 쭈꾸어 더 띠팡
是谁住过的地方?

▼ **저것은 무엇입니까?**

나 스 션머
那是什么?

▼ **사진을 찍어도 됩니까?**

커이 짜오시양 마
可以照相吗?

▼ **사진 한 장만 찍어주시겠습니까?**

빵 워 짜오 이 쨩 시양 하오마
帮我照一张相好吗?

▼ **한 장 더 찍어주세요.**

칭 짜이 쨔오 이 쟝
请再照一张。

관광안내

관광지

관광버스

관광

관광

버스를 이용해서 유명한 관광지를 돌아볼 수 있는데 경제적이긴 하지만 시간의 제약이 있고 관광객을 위한 코스라기보다는 운전자의 이익과 편의를 위한 경우도 있다.

자주 쓰이는 표현 _ 1

- 몇 시에 <u>출발합니까</u>?

    지 디앤 츄파
    几点出发?

···▶ 6시입니다.

    리요우 디앤
    六点。

- 끝나다 结束 지에슈
- 돌아오다 回来 훼이라이

관광버스

 ## 자주 쓰이는 표현 _ 2

- 기념품 살 시간이 있습니까?

    요우 마이 지니앤핀 더 스지앤 마
    有买纪念品的时间吗?

…▶ 있습니다.

    요우
    有。

바꿔 말하기

- 사진 찍다   照相   짜오시앙
- 화장실 가다   上厕所   샹 처수어
- 식사   吃饭   츠 판
- 개인   自己   쯔지

관광안내
관광지
관광버스
관광

유용한 표현

▼ 어떤 투어 코스가 있습니까?

요우 션머양 더 뤼요우 루시앤
有什么样的旅遊路线?

▶ 하루 코스가 있습니다.

요우 이르요우
有一日游。

▼ 식비와 입장료가 포함입니까?

빠오쿠어 판페이 허 먼피야오 마
包括饭费和门票吗?

▶ 아니요. 모두 각자 냅니다.

뿌. 또 쯔지 푸
不。都自己付。

▼ 또 다른 코스도 있습니까?

하이 요우 비에더 뤼요우 마
还有别的旅游吗?

▼ **어디에서 몇 시에 출발합니까?**

짜이 나알 지 디앤 츄파
在哪儿几点出发?

▼ **버스에 몇 시까지 돌아오면 됩니까?**

야오 지 디앤 훼이따오 치쳐 샹
要几点回到汽车上?

▶ **12시까지 돌아오면 됩니다.**

스얼 디앤 훼이라이 찌요우 씽
十二点回来就行。

▼ **여기에서 얼마나 머뭅니까?**

짜이 쩌얼 팅 뚜어챵 스지앤
在这儿停多长时间?

▼ **들어가지 않아도 됩니까?**

뿌 진취 커이 마
不进去可以吗?

관광
안내

관광지

관광
버스

관광

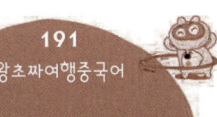

도움이 되는 활용 어휘

여행	旅行	뤼싱
견학	参观	찬관
하루코스	一日游	이르요우
2일코스	二日游	얼르요우
오전코스	上午游	상우요우
오후코스	下午游	시아우요우
미술관	美术馆	메이슈관
박물관	博物馆	보우관
기념관	纪念馆	지니앤관
식물원	植物园	즈우위앤
동물원	动物园	똥우위앤
극장	剧场	쥐창
영화관	电影院	띠앤잉위앤
음악당	音乐厅	인위에팅
박람회	博览会	보란훼이

관광안내

전람회	展览会	잔란훼이
연주회	演奏会	이앤쪼우훼이
공원	公园	꽁위앤
유적	遗迹	이지
명승고적	名胜古迹	밍셩꾸지
절	寺庙	쓰미야오
산	山	샨
화산	火山	후어샨
해안	海岸	하이안
강	江/河	지양/허
바다	海	하이
호수	湖	후
폭포	瀑布	푸뿌
고원	高原	까오위앤
사막	沙漠	샤머

도움이 되는 활용 어휘

관광안내소	旅游介绍处	뤼요우 지에사오츄
가이드	导游	따오요우
안내책자	介绍手册	지에사오 쇼우처
수속	手续	쇼우쉬
매표소	售票处	쇼우퍄오츄
입장권	门票	먼퍄오
만원	满员	만위앤
개관시간	开馆时间	카이관 스지앤
폐관시간	闭馆时间	삐관 스지앤
엽서	明信片	밍신피앤
카메라	照相机	짜오시양지
사진	照片	짜오피앤
필름	胶卷	지아오쥐앤
칼라	彩色	차이써
흑백	黑白	헤이바이

관광지

공중전화	公用电话	꽁용띠앤화
화장실	厕所	처쑤어
경찰서	公安局	꽁안쥐
파출소	派出所	파이츄쑤어
어른	大人	따런
어린이	儿童	얼통
학생	学生	쉬에셩
외국인	外国人	와이구어런
단체	团体	투안티
개인	个人	꺼런

여흥

중국에서 여흥을 즐기는 방법은 다양하다. 중국의 전통극인 경극이나 서커스 등의 공연은 볼 만한 가치가 있다. 또한 여러 가지 스포츠도 즐길 수 있으며 노래방이나 가라오케 등도 대도시에서 성업 중이다.

경극 京剧

청나라 말부터 베이징에서 인기를 얻어 차츰 발전한 중국의 대표적인 전통 연극으로 베이징에서 발전했다 하여 경극이라고 한다. 경극은 중국의 오페라라고 할 수 있으며 배우들이 화장한 색깔과 모양으로 그 인물의 성격을 알 수 있다.

서커스 杂技

중국의 오락을 대표하는 것 중의 하나로 杂技짜찌라는 서커스가 있다. 마술, 곡마, 묘기 등 여러 가지 다양한 기예들을 한 곳에 모은 중국 고유의 예술이다.

차관 茶管

중국식의 찻집으로 밤에는 경극이나 서커스, 민속음악 등이 연주되기도 하며 중국 풍의 만담 등을 차나 술, 음식 등을 먹으면서 감상할 수 있다. 낮에는 차만 판매한다.

디스코텍

요즈음은 밤이면 젊은이들이 모여 뜨거운 열기를 발산하는 디스코텍이 여러 곳 성업 중이다. 주말 밤이면 입추의 여지가 없이 붐빈다.

오락·스포츠

이른 아침 태극권 기공을 수련하는 모습을 자주 볼 수 있으며 축구는 일반적 중국인들이 가장 좋아하는 스포츠이다.
남녀가 같이 추는 사교댄스도 인기가 있고 중국인이라면 누구나 할 줄 아는 도박인 마작도 즐긴다.

여흥

京剧(경극)은 춤, 노래, 대사, 동작, 무예가 고루 갖춰진 중국 전통의 종합예술로 노년층에게는 대중적인 인기를 누리고 있지만 요즈음 젊은 층 사이에는 그다지 관심을 끌지 못하고 있다.

자주 쓰이는 표현_1

- 경극에 관심이 있으십니까?

    니 뛔이 징쥐 깐 싱취 마
    你对京剧感兴趣吗?

···▶ 그렇습니다.

    하이 커이
    还可以。

- 영화 电影 띠앤잉
- 연극 话剧 화쥐
- 음악 音乐 인위에
- 서커스 杂技 자찌

공연

 자주 쓰이는 표현_2

공연

스포츠

여흥

- 재미있습니까?

    요우 이쓰 마
    有意思吗?

···▶ 너무 재미있습니다.

    페이챵 요우 이쓰
    非常有意思。

바꿔 말하기

- 못 알아듣겠습니다. 我听不懂 워 팅뿌동
- 별로 재미없습니다. 没什么意思 메이 션머 이쓰

유용한 표현

▼ **어디서 경극을 볼 수 있습니까?**

짜이 나알 넝 칸 징쥐
在哪儿能看京剧?

▶ **지금 수도극장에서 경극을 공연합니다.**

시앤짜이 짜이 쇼우뚜 쥐챵 이앤 징쥐
现在在首都剧场演京剧。

▼ **지금 무엇이 공연되고 있습니까?**

시앤짜이 쩡짜이 비야오이앤 선머
现在正在表演什么?

▼ **좌석을 예약하려고 합니다.**

워 야오 위띵 쭈어웨이
我要预定座位。

▼ **며칠까지 공연합니까?**

이앤 따오 지 하오
演到几号?

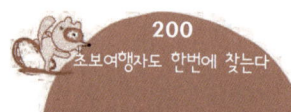

▼ **몇 시에 공연이 시작합니까?**

지 디앤 카이 이앤
几点开演?

▼ **당일표가 아직도 있습니까?**

땅티앤 피야오 하이 요우 마
当天票还有吗?

▶ **이미 다 팔렸습니다.**

이징 마이 꽝 러
已经卖光了。

▼ **표는 한 장에 얼마입니까?**

피야오 뚜어샤오 치앤 이 짱
票多少钱一张?

▶ **좌석마다 가격이 틀립니다.**

쭈어웨이 뿌 통, 지아꺼 예 뿌 이양
座位不同, 价格也不一样。

공연

스포츠

여흥

여흥

중국에서는 이른 아침에 공원에 나와 태극권 기공 등을 연습하는 모습을 흔히 볼 수 있으며 탁구는 모두 즐기는 가장 보편적인 운동이며, 축구의 인기 또한 매우 높다.

 자주 쓰이는 표현 _ 1

- 운동을 좋아하십니까?

  니 시환 윈똥 마

  你喜欢运动吗?

⋯▶ 아주 좋아합니다.

  워 페이챵 시환

  我非常喜欢。

- 축구   足球   주치유
- 배구   排球   파이치유
- 탁구   乒乓球   핑팡치유
- 볼링   保龄球   빠오링치유

스포츠

베이징에서는 2008년 전 세계인의 스포츠 축제인 하계 올림픽, 2022년 동계 올림픽을 개최하였다.

자주 쓰이는 표현 _ 2

공연

스포츠

여흥

- 호텔 안에 수영장이 있습니까?

  판디앤리 요우 요우용츠 마
  饭店里有游泳池吗?

⋯▶ 물론이지요.

  땅란 요우
  当然有。

바꿔 말하기

- 불링장   保龄球场   빠오링치유창
- 골프장   高尔夫球场   까오얼푸치유창

유용한 표현

▼ **호텔 안에 어떤 운동 시설이 있습니까?**

판띠앤리 요우 션머 윈똥 셔뻬이
饭店里有什么运动设备?

▶ **수영장, 테니스장, 탁구장이 있습니다.**

요우 요우용츠, 왕치우창 허 핑팡치유창
有游泳池, 网球场和乒乓球场。

▼ **수영장은 어디에 있습니까?**

요우용츠 짜이 나알
游泳池在哪儿?

▼ **몇 시부터 몇 시까지 문을 엽니까?**

총 지 디앤 따오 지 디앤 카이먼
从几点到几点开门?

▶ **아침 6시부터 저녁 10시까지 영업합니다.**

총 짜오샹 리유디앤 따오 완샹 스디앤 카이먼
从早上六点到晚上十点开门。

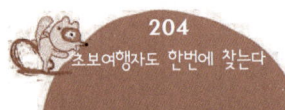

▼ 옷은 어디에 보관합니까?

바 이푸 춘 나알
把衣服存哪儿?

▼ 입장료는 얼마입니까?

루창페이 뚜어사오 치앤
入场费多少钱?

▼ 테니스장은 한 시간에 얼마입니까?

왕치유창 이거 시야오스 뚜어사오 치앤
网球场一个小时多少钱?

▶ 한 사람당 30위앤입니다.

메이거 런 싼스 콰이
每个人三十块。

▼ 라켓을 빌릴 수 있습니까?

커이 지에 치유파이 마
可以借球拍吗?

공연

스포츠

여흥

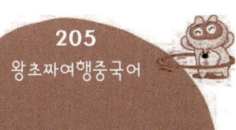

도움이 되는 활용 어휘

공연	演出	이앤츄
경극	京剧	징쥐
서커스	杂技	자찌
마술	魔术	모슈
무술	武术	우슈
영화	电影	띠앤잉
연극	话剧	화쥐
뮤지컬	音乐剧	인위에쥐
오페라	歌剧	꺼쥐
발레	芭蕾舞	빠레이우
연주	演奏	이앤쪼우
주연	主角	쥬지아오
감독	导演	따오이앤
대사	道白	따오바이
분장	脸谱	리앤푸
극장	剧场	쥐창
영화관	电影院	띠앤잉위앤
무대	舞台	우타이
좌석	座位	쭈어웨이
박수	鼓掌	꾸장

공연 · 스포츠

운동	运动 윈똥
스포츠	体育 티위
축구	足球 주치유
탁구	乒乓球 핑팡치유
농구	篮球 란치유
배구	排球 파이치유
야구	棒球 빵치유
볼링	保龄球 빠오링치유
골프	高尔夫球 까오얼푸치유
당구	台球 타이치유
수영	游泳 요우용
다이빙	跳水 티아오쉐이
스키	滑雪 화쉬에
스케이트	滑冰 화삥
테니스	网球 왕치유
배드민턴	羽毛球 위마오치유
승마	骑马 치마
육상	田径赛 티앤징싸이
마라톤	马拉松 마라쑹
체조	体操 티차오

전화

중국에서 핸드폰 이용은 통화 뿐만 아니라 지도 찾기, 결제, 쇼핑, 교통 이용 등 거의 대부분에서 사용되므로 미리 준비해서 가는 것이 중요하다.

국제전화

• 한국으로 전화 할 때

중국에서 한국으로 전화할 때 직접 접속번호를 누른 후, 안내방송에 따라 자동 연결로 바로 국내 수신자와 통화할 수 있다.

중국 핸드폰 이용방법

핸드폰 통화뿐 아니라 쇼핑 결제, 교통이용 등을 해야 하므로, 중국에서 핸드폰 사용법은 미리 준비하는 편이 좋다.

1) **국내 통신사 국제로밍** : 가격이 비싼편이지만, 안전하고 카카오톡, 구글, 유튜브 등을 이용할 수 있다.

2) **현지 와이파이** : 중국 네트워크로 카카오톡, 구글, 유튜브 등의 이용이 어려운 편이다.

3) **유심(u-Sim), 이심(e-Sim)** : 중국 네트워크를 이용하게 될 때는 VPN(호환성문제)을 설치해야 어플 이용이 가능하며, 중국 데이터 설정 후 여행자용 이심 등을 이용할 경우 유튜브, 카카오톡, 구글 등 어플 이용이 가능하기도 하다.

• 직접 통화

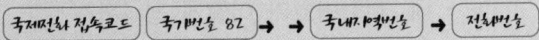

※ 중국에서 한국 서울의 123-4567로 걸 때

<u>00</u> + <u>82</u> + <u>2</u> + <u>123-4567</u>
국제전화접속코드　한국　서울　전화번호

　　　※ 국내 지역 국번의 '0'은 사용하지 않음
　　　서울 : 02 → 2 / 부산 : 051 → 51

※ 중국에서 한국 핸드폰 1234-5678로 걸 때

<u>00</u> + <u>82</u> + <u>11</u> + <u>123-4567</u>
국제전화접속코드　한국　통신사　핸드폰번호

　　　※ 통신사 번호의 '0'은 사용하지 않음
　　　010 → 10

전화

중국에서는 핸드폰 이용이 거의 필수이므로, 여행을 떠나기 전 미리 준비하고 떠나자.

자주 쓰이는 표현 _ 1

- 한국으로 국제전화를 걸려고 합니다.

  워 야오 게이 한구어 따 꾸어지 띠앤화

  我要给韩国打国际电话。

···▶ 네. 전화번호가 어떻게 됩니까?

  커이. 띠앤화 하오마 쓰 뚜어샤오

  可以。电话号码是多少?

- **일본** 日本 르번
- **미국** 美国 메이구어

국제전화

직통으로 걸 때는 호텔 객실 내의 전화나 핸드폰으로 국제전화 접속코드
(00)+국가번호(82)+국내 지역번호+전화번호 순으로 걸면 된다.

 자주 쓰이는 표현 _ 2

- 교환입니다. 어디로 전화하시겠습니까?

  스 종지. 니 다 따오 나알
  是总机。你打到哪儿?

⋯▶ 콜렉트 콜로 한국에 전화를 하려고 합니다.

  워 시양 용 뚜에이팡 푸치앤 게이 한구어 다 띠앤화
  我想用对方付钱给韩国打电话。

바꿔 말하기

- **지명통화** 叫人电话 찌야오런 띠앤화
- **번호통화** 叫号电话 찌야오하오 띠앤화

국제
전화

전화

유용한 표현

▼ **전화카드는 어디에서 삽니까?**

띠앤화카 짜이 나알 마이
电话卡在哪儿买?

▼ **공중전화는 어디에 있습니까?**

꽁용 띠앤화 짜이 나알
公用电话在哪儿?

▶ **요금을 누가 부담하시겠습니까?**

셰이 푸 페이
谁付费?

▼ **콜렉트 콜로 하겠습니다.**

뛔이팡 푸
对方付。

▼ **천천히 말씀해 주십시오.**

칭 만 디얼 슈어
请慢点儿说。

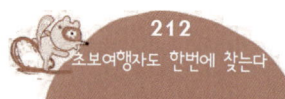

▼ 다시 한 번 말씀해 주십시오.

칭 짜이 슈어 이비앤
请再说一遍。

국제
전화

전화

▶ 상대방 전화번호와 전화 거시는 분 성함을 말씀해 주십시오.

칭 슈어 뛔이팡 더 띠앤화 하오마 허 니 더 밍즈
请说对方的电话号码和你的名字。

▼ 전화번호는 서울의 2649-12340이고 저는 김인랑입니다.

하오마스 한청 얼 리유 쓰 지유 야오 얼 싼 쓰 워 스 진런랑
号码是汉城二六四九一一二三四。我是金仁郎。

▶ 잠시만 기다리십시오. 통화 중입니다. 잠시 후에 다시 거십시오.

칭 샤오 떵 이시아. 쟌시앤. 꾸어 이훨 짜이 다 바
请稍等一下。占线。过一会儿再打吧。

▶ 전화가 연결되었습니다. 말씀하십시오.

닌 더 띠앤화 지에퉁 러 칭 지양 화
您的电话接通了。请讲话。

유용한 표현

▼ 이 전화는 어떻게 사용합니까?

쩐머 용 쩌 거 띠앤화
怎么用这个电话?

▶ 우선 0번을 누르십시오.

시앤 뽀어 링
先拨零。

▼ 보증금이 필요합니까?

야오 푸 야진 마
要付押金吗?

▼ 저는 중국어를 못합니다.

워 부 훼이 슈어 쫑원
我不会说中文。

▼ 한국어 할 줄 아시는 분이 있습니까?

요우 메이요우 훼이 슈어 한구어화 더 런
有没有会说韩国话的人?

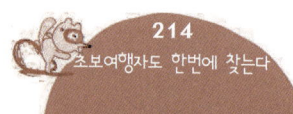

▼ 한국의 국가번호는 몇 번 입니까?

한구어 더 구어지 하오마 스 뚜어사오
韩国的国际号码是多少？

▼ 잘 안 들립니다.

팅 부 칭츄
听不清楚。

▼ 크게 말씀해 주시겠습니까?

따성 이디얼 슈어 하오 마
大声一点儿说好吗？

▶ 아무도 받지 않습니다.

메이 런 지에
没人接。

▶ 통화가 끝나시면 교환에게 말씀해 주십시오.

지양 완 러 이호우, 칭 까오수 종지
讲完了以后，请告诉总机。

국제전화

전화

도움이 되는 **활용 어휘**

전화	电话 띠앤화
시내전화	市内电话 스네이 띠앤화
장거리전화	长途电话 창투 띠앤화
국제전화	国际电话 구어지 띠앤화
콜렉트 콜	对方付款 뛔이팡 푸콴
번호통화	叫号电话 찌아오하오 띠앤화
지명통화	叫人电话 찌아오런 띠앤화
내선전화	内线 네이시앤
외부전화	外线 와이시앤
공중전화	公用电话 꿍용띠앤화
교환원	话务员 화우위앤
교환대	总机 쭝지
전화카드	电话卡 띠앤화카
통화 중	占线 쟌시앤
부재중	没人接 메이런 지에

국제전화

혼선	串线	츄안시앤
전화비	电话费	띠앤화페이
전화번호	电话号码	띠앤화 하오마
지역번호	区域号码	취이 하오마
전화기	电话机	띠앤화지
전화박스	电话亭	띠앤화팅

긴급

　　물건을 분실, 도난당하였거나 병이 나는 등의 돌발사고가 일어났을 때는 당황하지 말고 언어에 자신이 없는 사람은 가이드 또는 한국대사관이나 총영사관 등 한국어가 통하는 곳에 연락하여 도움을 받도록 한다. 미리 해외안전여행 애플리케이션을 설치하고 가면 안심된다.

긴급전화

- **범죄신고** 110 / **화재** 119 / **긴급구조** 120
  교통사고 122 / **전화번호안내** 114
- **한국대사관 – 베이징** (010)8531-0700
- **한국 총영사관 – 베이징** (010)-8532-0404
- **한국 총영사관 – 상하이** (021)6295-5000
- **베이징 공안국 –** (010)8402-0101

🧳 해외안전여행 출처: 외교부

외교부는 2019년 6월부터 신규 해외안전여행 모바일 애플리케이션 서비스를 제공하고 있다.

실시간 안전 정보 푸시 알림, 재외공관 연락처 목록, 여행경보 현황, 위기 상황별 대처매뉴얼 등 안전한 해외여행을 위한 각종 정보를 제공받을 수 있다.

긴급

즐거운 여행만을 생각하다 불미스러운 일을 당하게 되면 적지 않은 당황과 조급함으로 여행을 망치기가 쉽다.

자주 쓰이는 표현 _ 1

- 왜 그러십니까?

  니 요우 션머 스
  你有什么事?

…▶ <u>여권</u>을 분실했습니다.

  워 띠우 러 후쨔오
  我丢了护照。

바꿔 말하기

- 지갑 钱包 치앤빠오
- 볼펜 圆珠笔 위앤쮸삐
- 수첩 手册 쇼우처
- 가방 包 빠오

분실/도난

만약을 위해 한국대사관, 공안국 등 중요한 연락처를 메모해 두고 여권 번호, 신용카드, 여행자수표 등의 복사본을 따로 적어 두는 것이 좋다.

 ### 자주 쓰이는 표현 _ 2

분실/도난

질병

긴급

- 어디에서 잃어버렸습니까?

  니 쯔따오 띠우 짜이 나알 러 마

  你知道丢在哪儿了吗?

⋯▶ 어디에서 잃어버렸는지 모르겠습니다.

  뿌 쯔따오 띠우 짜이 나알 러

  不知道丢在哪儿了。

바꿔 말하기

- 택시 안에 두고 내렸습니다. 我把它放在出租汽车里边就下车了。

  워 바 타 팡짜이 추쭈 치쳐 리비앤 찌요우 시아쳐 러

- 도난을 당한 것 같습니다. 好象被别人盗了。 하오시앙 뻬이 비에런 따오러

유용한 표현

▼ **분실 신고는 어떻게 합니까?**

이스 빠오징 쩐머 빠오
遗失报警怎么报?

▶ **한국대사관에 가보세요.**

따오 한구어 따스관 칸 바
到韩国大使馆看吧。

▼ **경찰서가 어디 있습니까?**

꽁안쥐 짜이 션머 띠팡
公安局在什么地方?

▼ **혹시 제 지갑 못 보셨습니까?**

니 요우 메이요우 칸따오 워 더 치앤빠오
你有没有看到我的钱包?

▼ **찾는 걸 도와주십시오.**

칭 빵 워 쟈오 이 쟈오
请帮我找一找。

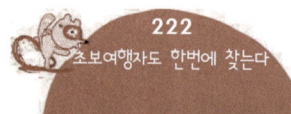

▼ **가방을 도둑맞았습니다.**

워 더 빠오 뻬이 토우 조우 러
我的包被偷走了。

▶ **어떤 가방입니까?**

스 션머양 더 빠오
是什么样的包?

▶ **안에 무엇이 들어있습니까?**

리미앤 요우 션머 똥시
里面有什么东西?

▶ **먼저 경찰서에 신고를 하고
한국대사관에 연락을 취하십시오.**

시앤 시앙 꽁안쥐 빠오징, 짜이 껀 한구어 따스관 리앤시 바
先向公安局报警，再跟韩国大使馆联系吧。

▼ **찾으면 바로 연락주십시오.**

쟈오 따오 더 화, 칭 껀 워 리앤시
找到的话，请跟我联系。

분실
도난

질병

긴급

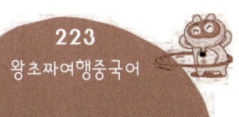

긴급

중국여행 중 음식 때문에 질병에 걸리는 일은 별로 없지만 물 때문에 고생을 하는 경우가 많다.

 자주 쓰이는 표현 _ 1

- 어디가 불편하십니까?

    나알 부 슈푸

    哪儿不舒服?

···▶ <u>목이</u> 아픕니다.

   쌍즈 텅

   嗓子疼。

- 이빨　牙　　야
- 머리　头　　토우
- 배　　肚子　뚜즈
- 허리　腰　　야오

질병

되도록 식수를 사서 마시고 茶(차)를 많이 마시면 도움이 된다. 비상 의약품을 미리 준비하는 것도 잊지 말자!

 자주 쓰이는 표현 _ 2

- 병원이 어디 있습니까?

    이위앤 짜이 나알
    医院在哪儿?

··▶ 저와 함께 가시죠.

    워 따이 니 취 바
    我带你去吧。

바꿔 말하기

- **약국**　药店　야오띠앤
- **주사실**　打针室　다쩐스

분실
도난

질병

긴급

유용한 표현

▼ **몸이 불편합니다.**

워 션티 뿌슈푸
我身体不舒服。

▼ **근처에 병원이 있습니까?**

쩌얼 푸진 요우 이위앤 마
这儿附近有医院吗?

▼ **의사를 불러주시겠습니까?**

칭 찌아오 이성 하오 마
请叫医生好吗?

▼ **병원으로 데려가 주십시오.**

칭 니 페이 워 취 이위앤
请你陪我去医院。

▶ **여기 위에 환자 이름과 나이 등을 적어주세요.**

칭 짜이 쩌 상미앤 시에 타 더 밍즈, 니앤쑤이 션머 더
请在这上面写他的名字，年岁什么的。

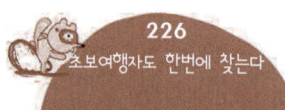

▼ 어지럽습니다.

토우 윈
头晕。

▼ 식욕이 없습니다.

메이요우 웨이코우
没有胃口。

▼ 감기에 걸린 것 같습니다.

하오시앙 깐마오 러
好象感冒了。

▼ 처방전을 써 주십시오.

칭 게이 워 카이야오
请给我开药。

▶ 하루 세 번, 식사 후에 드세요.

이 티앤 싼 츠 츠판 호우 푸용
一天三次，吃饭后服用。

분실
도난

질병

긴급

도움이 되는 활용 어휘

분실	遗失	이스
도난	被盗	뻬이따오
강도	强盗	치앙따오
소매치기	小偷	시야오토우
사고	事故	스꾸
경찰서/파출소	公安局/派出所	꽁안쥐/파이츄쑤어
경찰관	警察	징챠
한국대사관	韩国大使馆	한구어 따스관
영사관	领事馆	링스관
발생장소	发生地点	파셩 띠디앤
연락처	联系地址	리앤시 띠즈
분실증명서	丢失证明书	띠우스 쩡밍슈
도난증명서	被盗证明书	뻬이따오 쩡밍슈
사고증명서	事故证明书	스꾸 쩡밍슈
재발행	重新发行	총신 파씽

분실/도난

지갑	钱包	치앤빠오
핸드백	手提包	쇼우티빠오
여권	护照	후짜오
여권번호	护照号码	후쟈오 하오마
신용카드	信用卡	신용카
여행자수표	旅行支票	뤼싱 즈피아오
귀중품	贵重品	꿰이쭝핀
현금	现金	시앤진
카메라	照相机	쨔오시양지

도움이 되는 활용 어휘

교통사고	交通事故	지아오통 스구
구급차	急救车	지찌우쳐
경찰서	公安局	꽁안쥐
순찰차	巡逻车	쉰루어쳐
진찰실	门诊部	먼쩐뿌
접수창구	挂号处	꽈하오츄
병원	医院	이위앤
의사	医生/大夫	이셩/따이푸
간호사	护士	후스
주사	打针	다 쩐
수술	手术/开刀	쇼우슈/카이따오
약	药	야오
약국	药房	야오팡
처방전	药方	야오팡

질병

입원	入院	루위앤
퇴원	出院	츄위앤
한약	中药	쫑야오
소화제	消化药	시아오화야오
진통제	镇痛剂	쩐통지
감기약	感冒药	깐마오야오
아스피린	阿司匹林	아쓰피린
수면제	安眠药	안미앤야오
진정제	镇静剂	쩐징지
X레이	X光片	엑스 꽝피앤
기브스	石膏固定	스까오 꾸띵
알레르기	过敏	꾸어민
감기	感冒	깐마오
설사	拉稀	라시
기침	咳嗽	커쏘우

도움이 되는 **활용 어휘**

소화불량	消化不良	시아오화 뿌량
식중독	食物中毒	스우 쭝뚜
폐렴	肺炎	페이앤
위염	胃炎	웨이앤
간염	肝炎	깐이앤
요통	腰疼	야오텅
두통	头疼	토우텅
치통	牙疼	야텅
복통	肚子疼	뚜즈텅
위궤양	胃溃疡	웨이쿠이양
발열	发烧	파사오
변비	便秘	삐앤미
관절염	关节炎	관지에이앤
호흡곤란	呼吸困难	후시 쿤난
빈혈	贫血	핀쉬에

질병

메스꺼움	恶心	으어신
골절	骨折	꾸져
수혈	输血	슈쉬에
어지러움	头晕	토우윈
구토	呕吐	오우투
화상	火伤	후어샹
천식	气喘	치츄안
외상	外伤	와이샹
내상	内伤	네이샹
붕대	绷带	뻥따이

귀 국

귀국할 때는 빠뜨린 짐이 없는가를 잘 확인하고 늦지 않게 공항에 도착하도록 하자. 특히 여권과 항공권을 다시 한 번 확인하자.

오버 부킹

비행기 좌석수를 초과하여 예약 받는 것을 말하며, 할인 티켓으로 성수기에 여행 중 가장 신경이 쓰이는 부분이다.
반드시 3일 전에 재확인하고 공항에 일찍 나가서 항공권을 **탑승권** Boarding pass **으로** 바꾸는 것이 최선의 선택이며, 유사시 자기주장을 분명히 해야 한다.

입국 수속

검역 ⇨ 입국심사 ⇨ 세관

📛 여행자 휴대품 신고안내

- **1인당 면세범위(녹색)**
  - 국내 반입 시, 국내의 면세점 구입품과 외국에서 구입한 물품 총 가격이 $800 미만인 경우
  - 주류 2병(합산 2L 이하, $400 이하)
  - 담배 1보루(200개비)
    ※ 단, 만19세 미만의 미성년자가 반입하는 주류 및 담배는 제외
  - 향수 약 60㎖(병수 제한없음)

- **자진신고 검사대(백색)**
  - 면세 통과 해당 이외의 물품을 가진 사람

- **반입 금지**
  - 과일·육류 등 검역 물품
  - 가짜 상품
  - 향정신성 의약품
  - 위조·모조·변조 화폐
  - 총포·도검류

귀국

귀국 시 우리나라 공항에서 여행자 휴대품 신고서를 모두 작성할 필요는 없고 신고할 것이 있는 사람만 작성해서 적색라인을 따라가 신고하면 된다.

자주 쓰이는 표현 _ 1

- 여보세요. 중국민항입니까?

  웨이! 스 쫑구어 민항 항콩 꽁쓰 마

  喂! 是中国民航航空公司吗?

…▶ 그렇습니다.

  스 더

  是的。

바꿔 말하기

- 대한항공　　大韩航空　　따한항콩
- 아시아나　　韩亚航空　　한야항콩

예약확인

예약 확인

귀국

 자주 쓰이는 표현 _ 2

- 언제로 하시겠습니까?

  니 야오 션머 스호우 더
  你要什么时候的?

⋯▶ 30일 이코노미석으로 주십시오.

  워 야오 싼스 하오 더 푸통창
  我要三十号的普通舱。

- 금요일 비즈니스석   星期五的商务舱   씽치우 더 샹우창
- 제일 빠른 편   最早的   쮀이 짜오 더

유용한 표현

▼ **10월 3일 서울 행 좌석을 예약하고 싶습니다.**

워 야오 띵 이 쟝 스위에 싼하오 취 한청 더 피아오
我要订一张十月三号去汉城的票。

▶ **목요일에는 운행하지 않습니다.**

싱치쓰 메이요우 항빤
星期四没有航班。

▼ **다음 비행기는 언제입니까?**

시아츠 항빤 스 션머 스호우
下次航班是什么时候?

▶ **금요일에 있습니다.**

싱치우 찌우 요우
星期五就有。

▼ **그러면 금요일 비즈니스석으로 주십시오.**

나 게이 워 싱치우 더 샹우창 바
那给我星期五的商务舱吧。

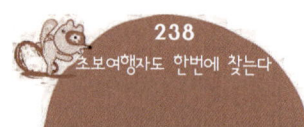

▼ **예약을 재확인하고 싶습니다.**

워 야오 취에런 이시아 위띵
我要确认一下预订。

▶ **예약되었습니다.**

이징 띵 하오 러
已经订好了。

▶ **죄송하지만, 예약이 되어 있지 않군요.**

뚜에이부치, 니 메이요우 위띵
对不起，你没有预订。

▼ **제 좌석과 출발시간을 확인하고 싶습니다.**

워 시양 취에런 이시아 워 더 쭈어웨이 허 치페이 스지앤
我想确认一下我的座位和起飞时间。

▼ **어디에서 수속을 밟습니까?**

짜이 나알 빤 쇼우쉬
在哪儿办手续？

부록

승차권구입

중국어를 몰라도 이 카드를 이용하면 승차권을 구입할 수 있습니다.

▷▶ _____行。
　　_____행을 주십시오.

- _____线从 _____站到 _____站
  _____선 _____역에서 _____역까지
- 大人 _____张　　　　　□ 儿童 _____张
  어른 _____장　　　　　　아이 _____장(6~11세)
- 往复(왕복)　　　　　　□ 片道(편도)
- 日期(날짜)
  ① _____月 _____日 _____时 _____分
  ② _____月 _____日 _____时 _____分
  ③ _____月 _____日 _____时 _____分

- 吸烟席 (흡연석)　　　　□ 禁烟席 (금연석)
- 卧铺车 (침대차)　　　　□ 硬座　(딱딱한 좌석)
- 硬卧　 (딱딱한 침대)　　□ 软座　(부드러운 좌석)
- 软卧　 (부드러운 침대)

▷▶ 请填入金额。
　　요금을 써 주십시오.

　　　　总计(합계) : _____ 元

초보여행자도 한번에 찾는다

분실·도난시

▷▶ _____를 잃어버렸습니다.

我丢了
- 护照 (여권)
- 旅行者支票 (여행자수표)
- 照相机 (카메라)
- 钱包 (지갑)
- 信用卡 (신용카드)
- 包 (가방)
- 机票 (항공권)
- _____ (기타)

▷▶ _____에서 도난당했습니다.

在
- 公共汽车 (버스 안)
- 地铁 (지하철)
- 火车 (기차)
- 车站 (역)
- 食堂 (식당)
- 厕所 (화장실)
- 路上 (길)
- _____ (기타)

上被盗。

분실·도난시

▷▶ _____에 연락해 주십시오.

请打到
- □ 派出所 (파출소)
- □ 公安局 (경찰서)
- □ 韩国大使馆 (한국대사관)
- □ 这个号码 (이 번호에)
  ☎ : _____
  (미리 연락할 곳을 적어놓자)

▷▶ _____를 써 주십시오.

请写给我
- □ 遗失证明书 (분실증명서)
- □ 事故证明书 (사고증명서)
- □ _____ (기타)

▷▶ _____를 재발행해 주십시오.

请给我再发行
- □ 旅行支票 (여행자수표)
- □ 护照 (여권)
- □ 信用卡 (신용카드)
- □ _____ (기타)

아플 때

병원에서 아래 사항에 ✔해서 접수처에 제시하십시오.

个人记录 (신상기록)

- □ 名字 (이름) : _____ (한자로)
- □ 年龄 (연령) : _____
- □ 性别 (성별) : □ 男 (남자)   □ 女 (여자)
- □ 国籍 (국적) : 韩国人 (한국인)
- □ 血液型 (혈액형) : _____
- □ 保险证书号 (보험증서번호) : _____
- □ 保险会社 (가입 보험회사) : _____

▷▶ _____가 아픕니다.

- □ 头 (머리)   疼。
- □ 肚子 (배)
- □ 牙 (이빨)
- □ 喉子 (목구멍)

▷▶ _____.

- □ 晕 (현기증)   。
- □ 发冷 (한기가 들다)
- □ 恶心 (토할 것 같음)
- □ _____ (기타)

아플 때

▷▶ 최근에 수술을 받은 적이 있습니까?
最近您动过手术了吗？
□ 是(네)   □ 没有(아니오)

▷▶ _____부터 몸이 좋지 않습니다.

从   □ 今朝(오늘 아침)   开始疼。
     □ 昨天(어제)
     □ 前天(그저께)
     □ 三天前(3일 전)
     □ _____

▷▶ 여행을 계속해도 좋습니까?
可以继续旅行吗？
□ 可以(네)   □ 不可以(아니오)

▷▶ 为了领取保险费，请您给我开诊断书，收据可以吗？
보험금 청구를 위하여 진단서, 혹은 영수증 작성을 부탁드립니다.

처방

▷▶ _____ 다시 오십시오.

- ☐ 明天 (내일) _____ 点   再来。
- ☐ 三天后 (3일 후)
- ☐ _____

▷▶ _____ 일간 안정을 취해 주십시오.

请您休息
- ☐ 一天 (하루동안)
- ☐ 三天 (3일간)
- ☐ 一周 (일주일간)
- ☐ _____

▷▶ 약을 _____ 복용하십시오.

请您
- ☐ 食后 (식 후)   服用。
- ☐ 食前 (식 전)
- ☐ 一天三次 (하루에 3번)
- ☐ 一天 ____ 次 (하루에 ___ 번)

승차권 구입

분실 도난시

아플때

처방

부록

도움되는
한중어휘

ㄱ

한국어	중국어	
가격	价格	찌아거
가구	家具	찌아쮜
가까스로	勉强	미앤챵
가까스로	好不容易	하오뿌롱이
가까운	近	찐
가난한	贫穷	핀총
가느다란	细	시
가다	去	취
가득하다	满	만
가라오케	卡拉OK	카라오케이
가로	横	헝
가르치다	教	찌아오
가방	包	빠오
가벼운	轻	칭
가사	歌词	꺼츠
가수	歌手	꺼쑈우
가엾은	可怜	커리앤
가운데	中间	쫑지앤
가위	剪子	지앤즈
가을	秋天	치유티앤
가이드	导游	따오요우
가장	最	쮀이
가정	家庭	찌아팅
가정주부	家庭妇女	지아팅 푸뉘
가죽	皮	피
가죽구두	皮鞋	피시에
가지	茄子	치에즈
간단한	简单	지앤딴
간부	干部	깐뿌
간식	点心	디앤씬
간장	酱油	지앙요우
간절한	诚恳	청컨
간호사	护士	후스

감격하다	激动 ㅈ돵	건설	建设 찌앤셔
감기	感冒 깐마오	건조	干燥 깐짜오
감동하다	感动 간둥	건축물	建筑物 찌앤쭈우
감자	土豆儿 투또얼	걷다	走 조우
갑자기	突然 투란	검사대	台子 타이즈
갑자기	忽然 후란	검사하다	检查 지앤챠
값	价钱 지야치앤	검정색	黑色 헤이써
강	河/江 허/지앙	게으른	懒 란
강대한	强大 치앙따	겨울	冬天 똥티앤
강도	强盗 치앙따오	견학하다	参观 찬꽌
같은	好象 하오시양	결정하다	决定 쥐에띵
개	狗 꼬우	결항	停飞 팅 페이
개회	开会 카이 훼이	결혼하다	结婚 지에훈
객실	客房 커팡	겸손한	客气 커치
거스름돈	找钱 짜오치앤	경유지	经停站 징팅짠
거울	镜子 징즈	경제	经济 징찌
거절하다	拒绝 쥐쮸에	경찰	警察 징챠
거행하다	举行 쥐싱	경찰서	公安局 꽁안쥐
걱정하다	担心 딴신	경치	景色 징써
건배	干杯 깐뻬이	계란	鸡蛋 지딴

249
왕초짜여행중국어

계산대	柜台 꿰이타이	공중전화	公用电话 꽁용 띠앤화
계산서	账单 쨩딴	공항	机场 지챵
계산하다	算 쑤안	과일	水果 쉐이구어
계절	季节 찌지에	관계	关系 꽌시
고객	顾客 꾸커	관광버스	游览车 요우란처
고구마	白薯 바이슈	관광지	游览区 요우란취
고기	肉 로우	광천수	矿泉水 쾅추안쉐이
고모	姑母 꾸무	교육	教育 찌아오위
고모부	姑父 꾸푸	교통	交通 찌아오통
고양이	猫 마오	구급차	救护车 찌우후처
고의로	故意 꾸이	구름	云 윈
고추	辣椒 라쟈오	구명조끼	救生衣 찌우셩이
고추장	辣椒酱 라쟈오쟝	국	汤 탕
곧	立刻 리커	국민	国民 구어민
곧	马上 마샹	국수	面条 미앤티아오
골절	骨折 꾸져	국제전화	国际电话 구어지 띠앤화
곰	熊 슝	굵은	粗 추
공무원	公务员 꽁우위앤	귀	耳朵 얼뚜어
공예품	工艺品 꽁이핀	귀걸이	耳环 얼환
공원	公园 꽁위앤	귀빈	稀客 시커

귀중품	贵重物品 꿰이쫑 우핀		기쁜	高兴 까오씽	
귤	橘子 쥐즈		기숙사	宿舍 쑤셔	
그	他 타		기술	技术 찌슈	
그것	那/那个 나/나거		기온	气温 치원	
그곳	那儿/那里 날/나리		기자	记者 찌쩌	
그녀	她 타		기점	始发站 스파짠	
그들	他们 타먼		기차	火车 후어쳐	
그릇	碗 완		기회	机会 지훼이	
그림	画 화		긴	长 창	
그저께	前天 치앤티앤		김치	泡菜 파오차이	
극장	剧场 쮜창		깊은	深 션	
근	斤 찐		깨끗한	干净 깐찡	
금	金 찐		꽃	花 화	
금년	今年 찐니앤		끌다	拉 라	
금연석	禁烟席 찐이앤시			**ㄴ**	
금요일	星期五 싱치우		나	我 워	
기념	纪念 찌니앤		나가다	出去 츄취	
기다리다	等 덩		나무	树 슈	
기록	记录 찌루		나쁜	坏 화이	
기름	油 요우		나오다	出来 츄라이	

나이	年纪 냔쯔	노력하다	努力 누리
날씨	天气 탸안치	노루	鹿 루
날씬한	苗条 먀오탸오	노점	摊子 탄쯔
날짜	日子 르즈	녹색	绿色 뤼써
남동생	弟弟 띠디	놀다	玩 완
남자	男人 난런	농구	篮球 란치유
남쪽	南边 난비앤	농부	农夫 농푸
남편	丈夫 짱푸	높은	高 까오
낮은	矮 아이	누구	谁 쉐이
내과	内科 네이커	누나	姐姐 지에지에
내년	明年 밍니앤	눈	雪 슈에
내일	明天 밍티앤	눈얼굴	眼睛 야안징
너	你 니	눕다	躺 탕
너희들	你们 니먼	느끼다	觉得 쮸에더
넓은	宽 콴	느낌	感觉 깐쮸에
넘어지다	跌倒 디에다오	느린	慢 만
넥타이	领带 링따이	늦은	老 라오
노동	劳动 라오똥	**ㄷ**	
노란색	黄色 황써	다리	桥 챠오
노래하다	唱歌 창꺼	다리몸	脚 쟈오

다시	再 짜이	대학	大学 따쉬에
다치다	受伤 쇼우샹	더러운	脏 장
단지	只 즈	더욱	更 껑
단풍잎	红叶 훙이예	더운	热 러
닫다	关/闭 꽌삐	도둑	小偷 시아오토우
달	月亮 위에량	도서관	图书馆 투슈관
달다	甜 티앤	도시	城市 청스
달러	美元 메이위앤	도자기	陶瓷器 타오츠치
달리다	跑步 파오뿌	도착하다	到 따오
닭	鸡 찌	독서	读书 뚜슈
담배	烟 이앤	돈	钱 치앤
담배피다	抽烟 초우이앤	돈가방	钱包 치앤빼오
당신	您 닌	돌아오다	回来 훼이라이
당연한	当然 땅란	돕다	帮助 빵쭈
대개	大概 따까이	동물	动物 똥우
대단히	非常 페이창	동물원	动物园 똥우위앤
대답하다	回答 훼이다	동의하다	同意 통이
대략	大约 따위에	동전	硬币 잉삐
대사관	大使馆 따스관	동쪽	东边 똥비앤
대통령	总统 중통	돼지	猪 쥬

두꺼운	厚 호우	립스틱	口红 코우홍
두통	头疼 토우텅	**ㅁ**	
뒤쪽	后面 호우미앤	마늘	大蒜 따쑤안
듣다	听 팅	마당	院子 위앤즈
들어오다	进 진	마른	瘦 쇼우
등기우편	挂号信 꽈하오씬	마시다	喝 허
등록하다	登记 떵지	마음대로	随便 쑤이비앤
등산	爬山 파샨	마일 mile	英里 잉리
따뜻한	暖和 누안후어	마중하다	接 지에
딸	女儿 뉘얼	마침내	终于 쫑위
딸기	草莓 차오메이	만 10,000	万 완
땅콩	花生 화셩	만나다	见/见面 찌앤/찌앤미앤
떠나다	离开 리카이	만년필	钢笔 깡삐
또한	也 이예	만두	饺子 지아오즈
뚱뚱한	胖 팡	만들다	制造 쯔짜오
ㄹ		만족하다	满意/满足 만이/만주
라디오	收音机 쇼우인지	많은	多 뚜어
라면	方便面 팡비앤미앤	말 가축	马 마
~로부터	从 총	말 언어	话 화
리터	升 셩	말하다	说 슈어

맛	味道 웨이따오
맛보다	尝 창
맛있다	好吃 하오츠
맞은쪽	对面 뛔이미앤
매니저	经理 징리
매우	很 헌
매일	每天 메이티앤
매표인	售票员 쇼우퍄오우앤
맥박	脉搏 마이보
맥주	啤酒 피지유
맵다	辣 라
머리	头 토우
머리카락	头发 토우파
머무르다	停留 팅리유
먹다	吃 츠
멀다	远 위앤
메뉴판	菜单 차이딴
며느리	媳妇 시푸
면	面条 미앤탸오
면 옷감	棉 미앤

모래	沙 샤
모레	后天 호우티앤
모르다	不知道 뿌 즈따오
모양	样子 양즈
모자	帽子 마오즈
모자라다	不够 부꼬우
목	嗓子/脖子 쌍즈/보어즈
목걸이	项链 시양리앤
목요일	星期四 씽치쓰
목욕하다	洗澡 시짜오
목적지	目的地 무띠띠
몸	身体 션티
못생긴	丑 초우
무거운	重 쭝
무엇	什么 션머
무역회사	贸易公司 마오이 꽁쓰
문	门 먼
문장	文章 원짱
문제	问题 원티
묻다	问 원

물	水 쉐이	바로	马上 마샹
물건	东西 뚱시	바쁜	忙 망
물고기	鱼 위	바지	裤子 쿠즈
미국	美国 메이구어	박물관	博物馆 보우관
미술	美术 메이슈	박수치다	鼓掌 꾸장
미술관	美术馆 메이슈관	밖	外 와이
미안하다	对不起 뛔이부치	반 절반	半 빤
미용실	美容院 메이롱위앤	반 학급	班 빤
미워하다	恨 헌	반드시	一定 이띵
미터	米(公尺) 미(꽁츠)	반지	戒指 지에즈
믿다	相信 샹씬	받아두다	收下 쇼우시아

ㅂ

바 bar	酒吧 지우바	발생하다	发生 파셩
바구니	篮子 란즈	발음	发音 파인
바꾸다	换 환	밝은	明亮 밍량
바나나	香蕉 샹쟈오	밥	饭 판
바늘	针 쩐	방	房间 팡지앤
바다	海 하이	방금	刚才 깡차이
바람	风 펑	방문하다	拜访 바이팡
바람이 불다	刮风 꽈펑	방학하다	放假 팡지아
		배 과일	梨子 리즈

배 몸	肚子 뚜즈		병원	医院 이위앤
배 선박	船 촨		보관	保管 빠오관
배고픈	饿 어		보너스	奖金 쟝진
배구	排球 파이치유		보다	看 칸
배드민턴	羽毛球 위마오치유		보리	麦 마이
배부른	饱 빠오		보석	珠宝 쥬빠오
배우	演员 이앤위앤		보통 우편	平信 핑씬
배우다	学 쉬에		복숭아	桃子 타오즈
백 100	百 바이		복습하다	复习 푸시
백화점	百货大楼 바이후어 따로우		복장	服装 푸쥬앙
버스	公共汽车 꿍꿍 치처		볶다	炒 차오
버스정류장	公共汽车站 꿍꿍 치처 짠		볼링	保龄球 빠오링치유
버터	黄油 황요우		봄	春天 츈티앤
번거롭다	麻烦 마판		부근	附近 푸진
번화	繁华 판화		부르다	叫 쨔오
벌써	已经 이징		부부	夫妇 푸푸
법	法 파		부엌	厨房 츄팡
벗다	脱 투어		부유한	富裕 푸위
변호사	律师 뤼스		부인	夫人 푸런
변화	变化 삐앤화		부지런한	勤 친

부채	扇子 산즈	비행기	飞机 페이지
부치다 (편지)	寄 찌	빌리다	借 지에
북쪽	北边 베이뺀	빛	光 꽝
분명하다	明白 밍바이	빠른	快 콰이
분실	遗失 이스	빨강색	红色 홍써
분위기	气氛 치펀	빨리	赶快 간콰이
불편하다	不舒服 뿌 슈푸	빵	面包 미앤빠오
비	雨 위		

人

비교적	比较 비자오	사거리	十字路口 스쯔루코우
비누	肥皂 페이짜오	사과	苹果 핑구어
비단	丝绸 쓰초우	사다	买 마이
비로소	才 차이	사랑하다	爱 아이
비록	虽然 쑤이란	사무실	办公室 빤공스
비상 계단	太平梯 타이핑티	사실	事实 스스
비상문	太平门 타이핑먼	사업	事业 스이예
비서	秘书 미슈	사용하다	使用 스용
비슷한	差不多 차뿌뚜어	사위	女婿 뉴쉬
비싼	贵 꿰이	사이다	汽水 치쉐이
비용	费用 페이용	사자	狮子 스즈
비자	签证 치앤쩡	사전	词典 츠디앤

사진	照片 자오피앤		서쪽	西边 시비앤	
사촌	堂兄弟 탕슝띠		선물	礼物 리우	
사회	社会 셔훼이		선생	先生 시앤셩	
산	山 샨		선생님	老师 라오스	
살다	住 쭈		선택하다	选择 쉬앤쩌	
삶다	煮 쥬		설명하다	说明 슈어밍	
상인	商人 샹런		설탕	糖 탕	
상점	商店 샹띠앤		성격	性格 씽꺼	
새로운	新 씬		성공하다	成功 쳥꿍	
새우	虾 시아		성의	诚意 쳥이	
색깔	颜色 이앤써		성장하다	成长 쳥짱	
샌드위치	三明治 싼밍즈		세계	世界 스찌에	
생각하다	想 시앙		센티미터	公分/厘米 꿍펀/리미	
생산하다	生产 셩찬		소	牛 니유	
생일	生日 셩르		소개하다	介绍 찌에샤오	
생활	生活 셩후어		소금	盐 이앤	
서비스	服务 푸우		소설	小说 시아오슈어	
서비스요금	服务费 푸우페이		소시지	香肠 시앙챵	
서울	首尔/汉城 쇼우얼/한청		소식	消息 시아오시	
서점	书店 슈띠앤		소포	包裹 빠오구어	

손가락	手指 쇼우즈	승객	乘客 청커
손가방	手提包 쇼우티빠오	시	诗 스
손녀	孙女 쑨뉘	시간	时间 스즈앤
손님	客人 커런	시원한	凉快 량콰이
손자	孙子 쑨즈	시장	市场 스창
수고하다	辛苦 씬쿠	시합	比赛 비싸이
수박	西瓜 시과	시험	考试 카오스
수영	游泳 요우용	식당	餐厅 찬팅
수요일	星期三 씽치싼	식물원	植物园 즈우위앤
숙소	宿舍 쑤셔	식초	醋 추
숙제	作业 쭈어이예	신고	申报 션빠오
숟가락	勺子 샤오즈	신문	报纸 빠오즈
술	酒 지유	신발	鞋 시에
쉬다	休 시유	신용카드	信用卡 신용카
쉬운	容易 룽이	신청	申请 션칭
슈퍼마켓	超级市场 차오지 스창	신호등	红绿灯 훙류떵
스카프	围巾 웨이진	싸다	便宜 피얀이
스케이트	滑冰 화삥	쌀밥	米饭 미판
스키	滑雪 화슈에	쓰다 글씨	写 시에
스튜어디스	空中小姐 콩쭝 시아오지에	쓰다 모자	戴 따이

쓴맛	苦 쿠
씻다	洗 시

ㅇ

아가씨	小姐 샤오지에
아내	妻子/太太 치즈/타이타이
아들	儿子 얼즈
아래쪽	下面 샤미앤
아름다운	美丽 메이리
아버지	父亲/爸爸 푸친/빠바
아쉽다	可惜 커시
아이	孩子 하이즈
아직	还 하이
아침	早上 짜오상
아침밥	早饭 자오판
아프다	疼 텅
악수하다	握手 워쇼우
안	内 네이
안심하다	放心 팡씬
안쪽	里边 리비앤
앉다	坐 쭈어

알다	认识/知道 런스/즈따오
알려주다	告诉 까오쑤
앞쪽	前面 치앤미앤
애인	对象 뚜에이샹
야구	棒求 빵치유
야채	蔬菜 슈차이
약국	药店 야오띠앤
약속하다	约定 위에띵
양	羊 양
양복	西服 시푸
양식	西餐 시찬
양파	洋葱 양총
얕은	浅 치앤
어떻게	怎么 쩐머
어려운	难 난
어머니	母亲/妈妈 무친/미마
어제	昨天 쭈어티앤
언니	姐姐 지에지에
얼굴	脸 리앤
얼마	几/多少 지/뚜어사오

한국어	중국어	발음
얼음	冰	삥
없다	没有	메이요우
없다	不在	부짜이
여권	护照	후짜오
여기	这儿/这里	쩌얼/쩌리
여동생	妹妹	메이메이
여름	夏天	시야티앤
역사	历史	리스
연구하다	研究	이앤지유
연습	练习	리앤시
열쇠	钥匙	야오스
열이 나다	发烧	파사오
영어	英语	잉위
영화	电影	띠앤잉
옆	旁边	팡비앤
예습하다	预习	위시
예약하다	预订	위띵
예의	礼仪/礼貌	리이/리마오
예절	礼节	리지에
오늘	今天	진티앤
오다	来	라이
오래된	旧	지우
오랫동안	久	지우
오르다	上	상
오른쪽	右边	요우비앤
오빠	哥哥	꺼거
오전	上午	상우
오후	下午	시아우
온도	温度	원두
옷	衣服	이푸
와이셔츠	衬衫	천산
완구점	玩具店	완쥐디앤
외과	外科	와이커
외국어	外国语	와이구어위
외국인	外国人	와이구어런
왼쪽	左边	주어비앤
욕실	浴室	위스
용서하다	原谅	위앤량
우리	我们/咱们	워먼/잔먼
우산	雨伞	위싼

한국어	중국어	발음
우선	首先	쇼우시앤
우유	牛奶	니유나이
우정	友谊	요우이
운동하다	运动	윈뚱
운전기사	司机	쓰지
울다	哭	쿠
웃다	笑	시아오
원숭이	猴子	호우즈
월요일	星期一	씽치이
위쪽	上面	샹미앤
유리	玻璃	보어리
유명한	有名	요우밍
은	银	인
은행	银行	인항
음식	菜	차이
음악	音乐	인위에
의사	大夫/医生	따이푸/이셩
의자	椅子	이즈
이것	这/这个	쩌/쩌거
이륙하다	起飞	치페이
이름	名字	밍즈
이모	姨母	이무
이모부	姨父	이푸
이상한	奇怪	치꽈이
이유	理由	리요우
이해하다	懂/了解	동/랴오지에
인도	人行道	런싱따오
인민폐	人民币	런민삐
일	工作	꽁쭈어
일본	日本	르번
일본어	日语	르위
일어나다	起	치
일요일	星期天(日)	씽치티앤(르)
잃어버리다	丢	띠유
입	嘴	쮀이
입다	穿	추안
입장권	门票	먼파오
있다	在	짜이
있다	有	요우
잊다	忘	왕

ㅈ

한국어	중국어	발음
자기 자신	自己	쯔지
자다	睡觉	쉐이자오
자동차	汽车	치처
자전거	自行车	쯔씽처
작가	作家	쭈어지아
작년	去年	취니앤
작은	小	시아오
잔돈	零钱	링치앤
잡지	杂志	짜즈
장사	买卖/生意	마이마이/셩이
재떨이	烟恢缸	야앤훼이깡
재미있다	有意思	요우이쓰
잼	果酱	구어찌앙
쟁반	盘子	판즈
저것	那/那个	나/나거
저기	那儿/那里	나알/나리
저녁	晚上	완샹
저녁밥	晚饭	완판
적은	少	샤오
적합한	合适	허스
전부	一共	이꽁
전자제품	电子品	띠앤즈핀
전화	电话	띠앤화
전화번호	电话号码	띠앤화 하오마
젊은	年轻	니앤칭
점심	中午	쭁우
점심밥	午饭	우판
접시	碟子	디에즈
젓가락	筷子	콰이즈
정각	准时	쥰스
제일	第一	띠 이
조금	一点	이 디앤
조심하다	小心	시아오신
졸업하다	毕业	삐예
좁은	窄	자이
종업원	服务员	푸우우앤
종이	纸	즈
좋아하다	喜欢	시환
좋은	好	하오

주량	酒量 지유량	지폐	钞票 차오퍄오
주문하다	点菜 디앤 차이	지하철	地铁 띠티에
주사	打针 따 쩐	직업	职业 즈이예
주요한	主要 주이오	직원	职员 즈위앤
주의하다	注意 주이	진지한	认真 런쩐
주인	主人 주런	짐	行李 씽리
주장하다	主张 주쨩	집	家 지아
죽다	死 쓰	집	房子 팡즈
준비하다	准备 준뻬이	짠	咸 시앤
중간	中间 쭝지앤	짧은	短 뚜안
중국	中国 쭝구어	~쪽으로	往 왕
중국어	汉语 한위	찌다	蒸 쩡

ㅊ

중국요리	中餐 쭝찬		
중요한	重要 쫑이오	차	茶 챠
즐거운	快乐 콰이러	차	车 쳐
지각하다	迟到 치따오	차멀미	晕车 윈쳐
지구	地球 띠치유	차비	车费 쳐페이
지나다	过去/经过 꾸어취/징꾸어	착륙하다	降落 찌양루어
지도	地图 띠투	참가하다	参加 찬지아
지불하다	付 푸	참새	麻雀 마츄에

창가	靠窗口 카오 츄앙코우
찾다	找 자오
책	书 슈
처리하다	办 빤
처음	初次 츄츠
천 1000	千 치앤
첨가하다	添 티앤
체온	体温 티원
초청하다	邀请 야오칭
촬영하다	摄影 셔잉
축구	足球 주츄
축하하다	恭喜/祝贺 꽁시/쭈허
출구	出口 추코우
출근하다	上班 샹빤
출발하다	出发 츄파
춤추다	跳舞 티아오우
춥다	冷 렁
충분한	够 꼬우
취미	爱好 아이하오
취소하다	取消 취샤오

취하다	醉 쮀이
측정하다	量 량
치과	牙科 야커
치마	裙子 췬즈
치약	牙膏 야까오
치통	牙疼 야텅
친구	朋友 펑요우
친절한	热情 러칭
친척	亲戚 친치
침대	床 츄앙
칫솔	牙刷 야슈아

ㅋ

카메라	照相机 짜오시양지
칼	刀子 따오즈
커피	咖啡 카페이
커피숍	咖啡厅 카페이팅
컴퓨터	电脑 띠앤나오
컵	杯子 뻬이즈
케익	蛋糕 딴까오
코	鼻子 비즈

한국어	중국어	발음
코끼리	象	샹
콜라	可乐	커러
콩	豆	또우
큰	大	따
키	个子	꺼즈
킬로그램	公斤	꽁진
킬로미터	公里	꽁리

ㅌ

타다 말	骑	치
타다 차	坐	쭈어
탁구	乒乓球	핑팡치유
탁자	桌子	쥬어즈
탑	塔	타
태양	太阳	타이양
택시	出租汽车	츄주치쳐
테니스	网球	왕치유
텔레비전	电视	땐스
토요일	星期六	씽치리유
퇴근하다	下班	샤빤
튀기다	炸	짜
특별하다	特别	터비에
특산품	特产品	터챤핀
팁	小费	샤오페이

ㅍ

한국어	중국어	발음
파랑색	蓝色	란써
파티	宴会	이앤훼이
팔다	卖	마이
패스트푸드	快餐	콰이찬
편리한	方便	팡벤
편안한	舒服	슈푸
편지	信	씬
포도	葡萄	푸타오
포도주	葡萄酒	푸타오지유
포장하다	包装	빠오쥬앙
포크	叉子	챠즈
표	票	퍄오
표시하다	表示	뱌오스
표현하다	表现	뱌오시앤
풍경	风景	펑징
필름	胶卷	쟈오쥬앤

필요없다	**不要** 뿌야오		행복	**幸福** 씽푸
필요하다	**需要** 쉬야오		행인	**行人** 씽런
필통	**铅笔盒** 치앤삐허		향기로운	**香** 시앙

ㅎ

			향수	**香水** 시앙쉐이
하늘	**天/天空** 티앤/티앤콩		허리	**腰** 야오
하다	**做/干** 쭈어/깐		헤어지다	**散** 싼
하루종일	**整天** 쩡티앤		현상하다	**冲洗** 총시
학교	**学校** 쉬에시야오		현재	**现在** 시앤짜이
학급	**班** 빤		혈압	**血压** 쉬에야
학생	**学生** 쉬에성		혈액형	**血型** 쉬에씽
한가하다	**闲** 시앤		형	**哥哥** 꺼거
한국	**韩国** 한구어		호랑이	**老虎** 라오후
한국사람	**韩国人** 한구어런		호박	**南瓜** 난꽈
한국어	**韩国语** 한구어위		호수	**湖** 후
한자	**汉字** 한쯔		호텔	**饭店** 판띠앤
할 수 있다	**能/会** 넝/훼이		혼자	**自己** 쯔지
함께	**一起** 이치		홍차	**红茶** 홍차
항상	**经常/常常** 징창/창창		화가	**画家** 화지아
해산물	**海鲜** 하이시앤		화상	**火伤** 후어상
행동하다	**行动** 씽똥		화요일	**星期二** 씽치얼

화장실	洗手间	시쇼우지앤		훔치다	偷	토우
화장품	化妆品	화쮸앙핀		휴대전화	手机	쇼우지
확인	确认	취에런		휴식	休息	시유시
환전	换钱	환치앤		휴지	卫生纸	웨이셩즈
회사	公司	꽁쓰		흐린	阴	인
회의	会议	훼이이		흑백	黑白	헤이바이
후추	胡椒	후지아오		흡연석	吸烟席	시이앤시
후회	后悔	호우훼이		흰색	白色	바이써

왕초짜 여행시리즈

동인랑

국반판

★ 처음 해외 여행을 떠나는 분들을 위한 **왕초짜 여행회화**
★ 해외 여행시 꼭 필요한 문장들만 수록 **우리말 발음**이 있어 편리!
★ 상황에 따라 쉽게 골라 쓰는 여행 회화
★ 도움되는 **활용어휘**, 한국어 · 외국어 **단어장**
★ 휴대하기 편한 포켓 사이즈

우리말로 배우는 아주 쉬운 **외국어**

각 권 4*6판 | 12,000원
| TAPE 2개 포함

새로운 언어를 만나는 것은 새로운 세상을 만나는 것과 같습니다.
단순한 언어학습뿐만 아니라 여러분의 **보다 넓은 세상**으로
나가는 발판이 되겠습니다.

외국어 출판을 선도하는 **동인랑**

 인터넷의 세계로 오세요!
www.donginrang.co.kr

외국어 상담실
02) 967-0700

저자 김혜경
발행일 2025년 10월 1일 발행인 김인숙 발행처 (주)동인랑
Printing 삼덕정판사

01803
서울시 노원구 공릉동 653-5
대표전화 02-967-0700 팩시밀리 02-967-1555 출판등록 제 6-0406호

©2025, Donginrang, Co., Ltd.
ISBN 978-89-7582-695-5

 인터넷의 세계로 오세요! www.donginrang.co.kr
webmaster@donginrang.co.kr

본 교재에 수록되어 있는 모든 내용과 사진, 삽화 등의 무단 전재·복제를 금합니다.

All rights reserved. No part of this book or audio CD may be reproduced or
transmitted in any form or by any means, without permission in writing from
the publisher.

(주)동인랑에서는 참신한 외국어 원고를 모집합니다.

잘못된 책은 교환해 드립니다.